MIT TV-MAGAZIN
stern
Medizin
Kennedy-Clan
Er schweigt und spaltet die Partei
Ist Kohl noch normal?
WELTWEITE STUDIE: WIE VIELE TIERE AUF DER ERDE LEBEN

MIT TV-MAGAZIN
stern
Das große Geschäft mit der Online-Erotik
SEX
im Internet
Schäuble und die Spenden-Lügen

MIT TV-MAGAZIN
stern
EXTRA
USA-Reisen
STERN-GESPRÄCH
Schröder über Kohl, Halder, Rau
GLOBALISIERUNG
Das große Fressen – und was wird aus mir?
BEACHBOY
Leonardo DiCaprio
über das Leben nach „Titanic", Ruhm, Sex und seinen neuen Film
CDU-SCHATZMEISTERIN BRIGITTE BAUMEISTER
Stürzt Schäuble über diese Frau?

MIT TV-MAGAZIN
stern
Wie wir uns durchs Leben tricksen
Am Traumstrand der Abenteurer
Die Bluthunde der Polizei
Die letzte Hoffnung der CDU
Frau Merkel, übernehmen Sie!
EXTRA CEBIT: DAS VERNETZTE WOHNZIMMER

MIT TV-MAGAZIN
stern
MACHTKAMPF IN DER CDU
Jeder gegen jeden
STERN-LEHRSTELLENBÖRSE
Jobs aus dem Internet
MODE EXTRA
GISELE BÜNDCHEN
Aufstieg des Super-Models
Claudia Schiffer zeigt Jeans
Kate Moss zeigt Karo
Amber Valletta zeigt Farb-Mix
plus die großen Sommer-Trends
DER FLUSS DES TODES
GIFT-KATASTROPHE IN OSTEUROPA

stern
HIGH SOCIETY
Wie der britische Adel Füchse jagt
PORSCHE-CHEF
Wiedeking auf der Überholspur
KOHL WIRD 70
So gratulieren Freund und Feind
T-ONLINE
GEHT AN DIE BÖRSE
Können diese Männer Sie reich machen?
Was die neue Aktie wert ist
Wie Sie dabei sein können
DIÄT-WAHN: NUR WER RICHTIG ISST, NIMMT AUCH RICHTIG AB

stern
Hörsturz und Tinnitus
Die neuen Leiden der hektischen Gesellschaft
STRESS IM OHR
WIE SIE VORBEUGEN, WO SIE HILFE FINDEN
Jürgen Rüttgers und sein Inder-Wahnsinn
Die geheime Welt der Fetischisten
Günther Jauch über Big Brother, Raab und stern TV

MIT TV-MAGAZIN
stern
FUSIONEN
Warum Deutsche-Bank-Chef Breuer scheitern musste
OBERAMMERGAU
Hinter den Kulissen des Millionen-Spiels
Zlatko, der Superstar: Wie konnte das passieren?
BIG BROTHER
Der kalkulierte TV-Irrsinn
Mit 34 Extraseiten zur Expo: Tickets · Termine · Höhepunkte · Gewinnspiel

stern
Das Oster-Programm
Neue Serie: Faszination
Mittelalter
Herrscher
Huren
Heilige
Was tun gegen aggressive Beißer?
Welche Aktien überleben den Crash?

MIT TV-MAGAZIN
stern
CRASH-TEST
Acht Kleinwagen im Vergleich
BAYERN MÜNCHEN
Fußball-Konzern mit Gefühl
ÄTHIOPIEN
Kommt jetzt das große Sterben?
Der Gentleman, der zur Kasse bat
ARCHÄOLOGIE
Neues vom Neandertaler
Jetzt startet die große Gesundheitsaktion
Schluss mit dem Rauchen
So geht's
Alles rund ums Handy

MIT TV-MAGAZIN
stern
Jetzt kommen die fetten Jahre
Gute Aussichten für junge Leute
Millionen neue Jobs · Mehr Netto für alle

stern
Satansbraten
STEFAN RAAB

MIT TV-MAGAZIN
stern
NEUE STERN-SERIE
Börse für Einsteiger

MIT TV-MAGAZIN
stern
Der neue Familien-Mix
SO WERDEN SIE IHR EIGENER CHEF

MIT TV-MAGAZIN
stern
So bleiben Sie jung
Fitness-Guru Dr. Ulrich Strunz

MIT TV-MAGAZIN
stern
Jungs
das schwache Geschlecht
JOBS UND RENTEN

MIT TV-MAGAZIN
stern
Raus aus der Sucht
Beziehungskiller Alkohol
Neue Therapien – Wo es Hilfe gibt

stern
LERNEN MIT DEM COMPUTER
Wissen für alle: Weiterbildung im Internet, Software-Test

# Das STERN Jahrbuch 2000

# Das war 2000

Das Beste vom STERN

**Impressum**

Herausgeber:
Thomas Osterkorn
Andreas Petzold

Art Director:
Tom Jacobi

Gestaltung:
Franz Epping
Norbert Kleiner

Redaktion:
Gerhard Schnitzer
Peter Juppenlatz
Günter Handlögten

Bildredaktion:
Beate Magrich

Dokumentation:
Günther Garde

Schlussredaktion:
Christa Harms
Ursula Hien
Wolfgang Kahl
Christiane Kröger-Stark
Klaus Meybohm
Dieter Riemann

Objektleitung:
Magdalene Gaese

Herstellung:
Antje Petau
Druckzentrale G+J

Lithografie:
MWW Repro, Hamburg

Druck und Bindung:
MOHN Media •
Mohndruck GmbH



1. Auflage 2001
ISBN: 3-570-19255-5

# Zu diesem Buch

2000 – ein Jahr, das sich einprägen wird. Es war voll von Geschehnissen, die Menschen in aller Welt bewegt haben. Wobei Trauer und Entsetzen deutlich überwogen. Naturkatastrophen und grauenvolle Unglücke ereigneten sich so zahlreich wie kaum jemals zuvor.
Tausende starben im Hochwasser, das im März Mosambik überflutete, Hunderte kamen auf schreckliche Weise ums Leben bei Unfällen wie dem Brand der Gletscherbahn von Kaprun, der Feuerwerksexplosion in Enschede, dem entgleisten Eisenbahnzug im Bahnhof von Brühl, dem Absturz der Concorde oder bei dem gesunkenen russischen Atom-U-Boot in der Barentssee.
Hass und Gewalt forderten Todesopfer im Konflikt zwischen Israelis und Palästinensern, für den eine Lösung weiter entfernt scheint als je zuvor.
Bestürzung auch über Brutalität im eigenen Land: Die lange verharmlosten Neonazis machen ungeniert Jagd auf Ausländer, prügeln auf offener Straße Menschen tot, die seit Jahren friedlich in Deutschland leben, aber eine andere Hautfarbe haben.
Politiker, Medien, vor allem aber die Teilnehmer vieler Großkundgebungen fordern von den Bürgern mehr Engagement, mehr Mut gegen Rechts.
Wenig Erfreuliches gab es im Jahr 2000. Die Rückkehr Jugoslawiens zur Demokratie nach der unblutigen Entmachtung Slobodan Miloševićs war sicherlich das positivste Ereignis.
Spaß gemacht haben Milliarden Fernsehzuschauern in aller Welt die lebensfrohen Olympischen Spiele von Sydney. Deutsche Sportfreunde werden auch die Formel-1-Weltmeisterschaft von Michael Schumacher und die allmählich wieder auf die Füße kommende Fußball-Nationalmannschaft zum Erinnernswerten des Jahres 2000 zählen.
Diese und viele andere Höhepunkte dokumentiert das STERN-Jahrbuch mit beeindruckenden Fotos und Berichten.

# Inhalt


## Augenblicke

**8–35** Wolken über der Expo • Feuer am Kap der Guten Hoffnung • Extremsport in Neuseeland • Becker gegen Becker • Jagd auf Weiße in Simbabwe • Welch ein Sommer • Der tiefe Fall des Christoph Daum • Glück beim Auto-Crash • Wenn der Ätna Ringe pafft

Das Gesicht der Spiele: Olympiasiegerin Freeman

Gaza: Kind erschossen


## Ausland

**36–85** Pleite beim Nahost-Gipfel • David gegen Goliath • Mohammed ohne Chance • Lynchmord in Ramallah • Der Papst in Jerusalem • Triumph in Belgrad • Der brave Sieger • Hungertod in Äthiopien • Aids beherrscht Afrika • Der Untergang der „Kursk“ • Der Krieg kommt nach Moskau • Leben in der toten Stadt • Frauenpower in Marokko • Das Geiseldrama von Jolo • Das lange Leid der Wu Fang • Erbarmungslose Jagd auf Tiger

## Deutschland

**86–113** Die Mehrheit schweigt nicht mehr • Friedhöfe geschändet • Mut gegen Rechts • Kanzler auf hohem Ross • Joschka ganz oben • Kein Geld für keinen • Wie Kohl seinen Freund Schäuble abserviert • Merkels neue Liebe zu Kohl • 13 Tage Treibjagd auf einen Mörder • Kampf den Kampfhunden • So schön ist Karneval

Neonazis marschieren

Fehlstart: Friedrich Merz


## Wirtschaft

**114–123** Von Aktienkultur und Börsewichtern • Alfa für Romeos • Trucker an die Ölfront • Manche mögen's internett

Hochwasser in Texas: Seilschaft wartet auf Rettung


## Hochwasser

**124–135** Im Jahr, als der Regen kam • Rettung in letzter Minute • Fische in der Bar • Wo die Straßen Flüsse werden • Steindonner im Wallis • Gewitterstürme über Abilene

## Kultur

**136–159** Genug geplaudert, Naumann • Kunst für die Bevölkerung • Berlins bärige Zeiten • Bart ab in Oberammergau • Chapmans grausiges Spielzeug • Küken und oller Gockel • Der Zauber mit Harry • Wagners wilde Walküren • Jenny immer

**Jahressieger 2000: Zauberlehrling Harry Potter**

gut drauf • Ein Bild von einem Mann • Mario Adorf, der letzte große Held • Zlatko und die anderen – bei den Deutschen peept's

## Expo

**160–167** Aber schön war es doch • Lauter kluge Maschinen • Ein Prinz schaut vorbei

## Katastrophen

**168–187** Sicher ist nur die Gefahr • Das Ende der Concorde • Bahnunglück in Brühl

## Mode

**188–201** Die tollen Brasilianerinnen • Claudia wieder ohne • Mode am Tropf?

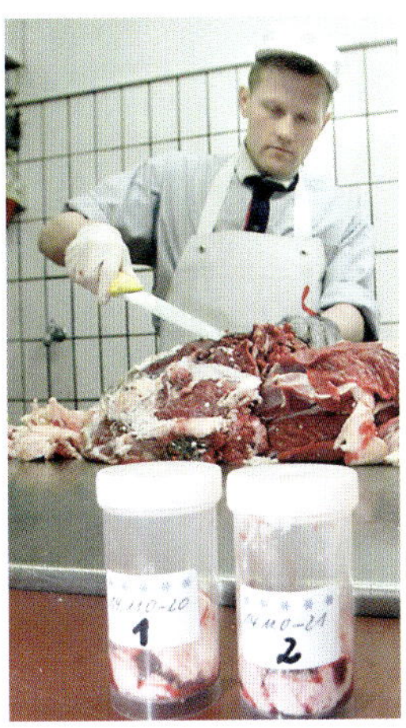

**Wer sucht, der findet BSE**

## Umwelt

**202–219** BSE in Deutschland • Massaker an Delfinen • Das Gift des Krieges • Regen on the Rock • Die Pest mit dem Öl • Grüße aus der Hölle • Sommer der Vernichtung

## Sport

**220–245** Völler macht's möglich • Sydney: die schönsten Olympischen Spiele • War wohl nichts, Franzi • Gigolos letzter Arbeitstag • Klitschko und Klitschko • Ferraris Vollrausch in Rot • Und Lothar zog es nach Amerika

## USA

**246–255** Die Wahl: Macht ist, wenn man trotzdem lacht • Hillarys Triumph • Staatsdrama um ein Kind • Madonna bestens in Form

**Erforscht: Mini-Schnecke als raffinierter Seeräuber**

## Wissenschaft

**256–271** Endlich – der gläserne Mensch • Schlaffe Spermien • Schau mir ins Auge, Großer • Schätze aus den Fluten • Ideenklau bei Mutter Natur • Feuerwerk auf der Sonne

## „Starship"

**272–279** Meer und mehr Meer – der Pazifik • Triumphale Reise in den Tod • Wie vor 4000 Jahren • Einsame Insel der Giftriesen

## Gestorben

**280–288**

## Chronik

**289-320**

**„Starship"-Kurs: Pazifik**

Deutsche Post
Deutsche Post

# Wolken über der Expo

Zum ersten Mal fand eine Weltausstellung in Deutschland statt. Wegen falscher Prognosen und schwerer Marketingfehler zeichnete sich früh ein Defizit ab, das letztlich 2,4 Milliarden Mark betrug. Den Besuchern war das egal. Sie hatten ihren Spaß an der Show bei Hannover. Wenn die Füße müde wurden, lockte die große Treppe im Zentrum zu einer Ruhepause. Und auch von der Gondel aus ließ sich das riesige Gelände erkunden.

# Das Gesicht der Spiele

Entschlossen, mutig, aber auch ein wenig fragend – so blickt die Australierin Cathy Freeman in den olympischen Tagen von den Fassaden der Wolkenkratzer in Sydneys Innenstadt. Die Nation erwartet von der Leichtathletin nicht nur Gold über 400 Meter, was ihr tatsächlich gelingt: Als erste Olympiasiegerin der Aborigines soll sie Symbolfigur dafür sein, dass Versöhnung zwischen den Ureinwohnern und den Nachfahren der britischen Kolonialherren möglich ist. Freeman hält dem Druck stand, aber auch nach dem Erfolg fällt ihr ein Lächeln schwer.

# Bikers siebter Himmel

Neuseeland ist die Wiege so mancher Trendsportarten. Ob aber Air-Biking viele Nachahmer finden wird? Vermutlich nicht. Was aussieht wie Radlers Himmelfahrt ist der Stunt eines neuseeländischen Triathleten, der nach dem Ziel samt Rad über eine Sprungschanze in den Lake Wakatipu saust. In Queenstown fallen solche Spinner kaum auf. In den Ort auf Neuseelands Südinsel pilgern jährlich 30 000 Adrenalinsüchtige, um sich an Gummiseilen in Abgründe zu stürzen oder in Powerbooten durch Fjorde zu rasen.

## Becker gegen Becker

Nach BSE dann auch noch der Becker-Schock: Am 5. Dezember faxte Deutschlands Tennis-Held mit dürren Worten die Trennung von seiner Frau Barbara in die Welt. Man habe sich nicht mehr über die unterschiedlichen Prioritäten der Beziehung einigen können. Aus nach sieben Jahren Ehe und zwei Kindern. Babs Becker floh mit beiden Söhnen nach Florida und feuerte aus allen Rohren: Klage auf Sorgerecht und Unterhalt – Waffenklirren für einen heftigen Rosenkrieg und das Ende einer Traumehe. Dann verkündete Boris, dass er seine Frau sofort noch einmal heiraten würde – und reichte die Scheidung ein.

# Aufgehetzt von oben

Eine Gruppe Schwarzer blockiert die Ausfahrt einer Farm 150 Kilometer nördlich der Hauptstadt Harare, um die Frau des weißen Landwirts, Pippa van Rechteren, und ihre beiden Töchter am Verlassen des Hofes zu hindern und sie einzuschüchtern. Ermuntert von Simbabwes Staatspräsident Robert Mugabe, besetzten Hunderte so genannte Kriegsveteranen weiße Farmen im gesamten Land. Sie forderten die entschädigungslose Übergabe von Gebäuden und Äckern an Schwarze. Es war ein Versuch des alternden Präsidenten, von Misswirtschaft und Korruption unter seiner Herrschaft abzulenken und politische Gegner durch Schlägerbanden zu terrorisieren.

## Augen des Zorns

Ein jordanischer Demonstrant palästinensischer Herkunft hat sich eine schwarze Gesichtsmaske übergezogen, damit die Polizei ihn nicht erkennen und verfolgen kann. Tausende jordanische Palästinenser protestierten im Oktober in der Hauptstadt Amman gegen Israels Weigerung, vertriebenen Palästinensern ein Recht auf Rückkehr einzuräumen.

## Was für ein Sommer

Der deutsche Sommer sei nur ein grün angestrichener Winter, befand einst Heinrich Heine. Für den Sommer 2000 noch eine Schmeichelei. Zwar schien, wie hier in Timmendorfer Strand an der Ostsee, gelegentlich mal die Sonne, doch außer Schatten und drei Besuchern brachten die paar Strahlen nichts hervor.

## Nichts passiert

Es war ein Dragster-Rennen im kalifornischen Pomona – jene auf Amerika beschränkte Spielart des Motorsports, bei der es nur auf maximale Beschleunigung über die Viertelmeile ankommt. Hinten treiben riesige Räder die Fuhre voran, vorn geben winzige Räder dem Höllenritt, bei dem binnen fünf Sekunden 300 Kilometer pro Stunde und mehr erreicht werden, die ungefähre Richtung vor. Frank Pedregon hatte auf Parallelkurs mit seinem Wettbewerber Scotty Cannon schon die Ziellinie überrollt, als sein Fahrzeug ausbrach – möglicherweise nach einem Reifenplatzer. Er rammte den Nebenmann, worauf die leichte Plastik-Karosse abhob und in Stücke flog. Beide Fahrer blieben unverletzt.

# Schlag nach bei Goethe

Irgendwie war es in diesem Jahr schön, eine Frau zu sein, weil allein das schon ausreichte, aufzufallen. Der Rest, die Kleider zum Beispiel, erhöhen ihre Gestalt, „denn das Angenehme einer Person verbreitet sich auch über ihre Hülle", wie Goethe sagte. Die deutsche Firma Strenesse und die Chefin Gabriele Strehle lieferten die Kostüme, die das Urgesetz der Mode wieder belebten, dass eine Frau fein angezogen nackter erscheint als in der langweiligen Hüllenlosigkeit bloßer Haut.

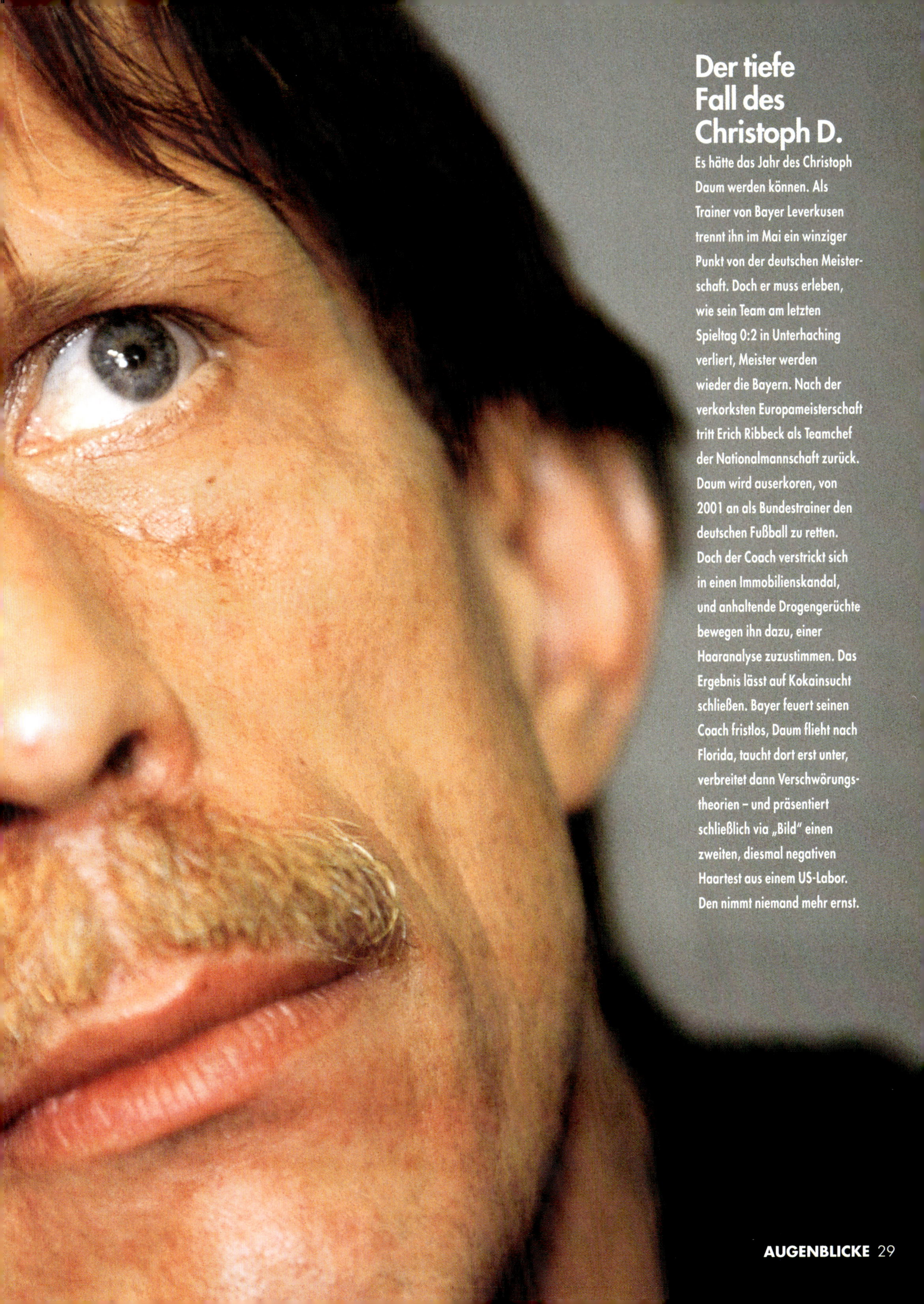

# Der tiefe Fall des Christoph D.

Es hätte das Jahr des Christoph Daum werden können. Als Trainer von Bayer Leverkusen trennt ihn im Mai ein winziger Punkt von der deutschen Meisterschaft. Doch er muss erleben, wie sein Team am letzten Spieltag 0:2 in Unterhaching verliert, Meister werden wieder die Bayern. Nach der verkorksten Europameisterschaft tritt Erich Ribbeck als Teamchef der Nationalmannschaft zurück. Daum wird auserkoren, von 2001 an als Bundestrainer den deutschen Fußball zu retten. Doch der Coach verstrickt sich in einen Immobilienskandal, und anhaltende Drogengerüchte bewegen ihn dazu, einer Haaranalyse zuzustimmen. Das Ergebnis lässt auf Kokainsucht schließen. Bayer feuert seinen Coach fristlos, Daum flieht nach Florida, taucht dort erst unter, verbreitet dann Verschwörungstheorien – und präsentiert schließlich via „Bild" einen zweiten, diesmal negativen Haartest aus einem US-Labor. Den nimmt niemand mehr ernst.

## Eine Flut von Kadavern

Tausende toter Fische treiben in einer Lagune in der brasilianischen Metropole Rio de Janeiro. Das Massensterben Anfang März wurde durch eine Hitzewelle ausgelöst, die dem Wasser Sauerstoff entzog – und durch den Dreck, den Anrainer in die Fluten leiten. Innerhalb zweier Tage verendeten über 100 Tonnen Fische.

# Ein Fall von Bomber-Reklame

Was aussieht wie eine verunglückte Landung, ist in Wirklichkeit Kunst am Bau. Ein typischer Marine-Bomber des Zweiten Weltkriegs wurde aus Fiberglas nachgebaut und mit einem Hilfsgerüst so trickreich an der Fassade des Historischen Museums in Singapur befestigt, dass er die Aufmerksamkeit der Passanten erregt. Das ist genau der Zweck: Der bizarre Plastik-Bomber soll Besucher in die Sonderausstellung „Macht und Propaganda: der pazifische Krieg" locken, die bis März 2001 läuft. Die Schau will an die Zeit erinnern, als Singapur unter der Besatzung des japanischen Kaiserreiches lebte.

# Wenn der Ätna pafft

Der 3350 Meter hohe Ätna auf Sizilien ist einer der aktivsten Vulkane der Welt – und ein sensationeller Rauchspezialist. Der Bocca Nuova, einer seiner zahlreichen Krater, kann sogar Ringe blasen. Die schönen Kringel, die häufig aus dem Schlund des Ungetüms aufsteigen, haben einen Durchmesser von 200 Metern, bleiben etwa zehn Minuten stabil und schweben dabei gut 1000 Meter in den Himmel, bevor sie sich in der Atmosphäre auflösen. Wahrscheinlich kommt das Phänomen dadurch zustande, dass Gas sehr schnell durch die enge Krateröffnung ausgestoßen wird. Doch die Friedenspfeife raucht der Ätna damit keineswegs: Der nächste Ausbruch kommt bestimmt.

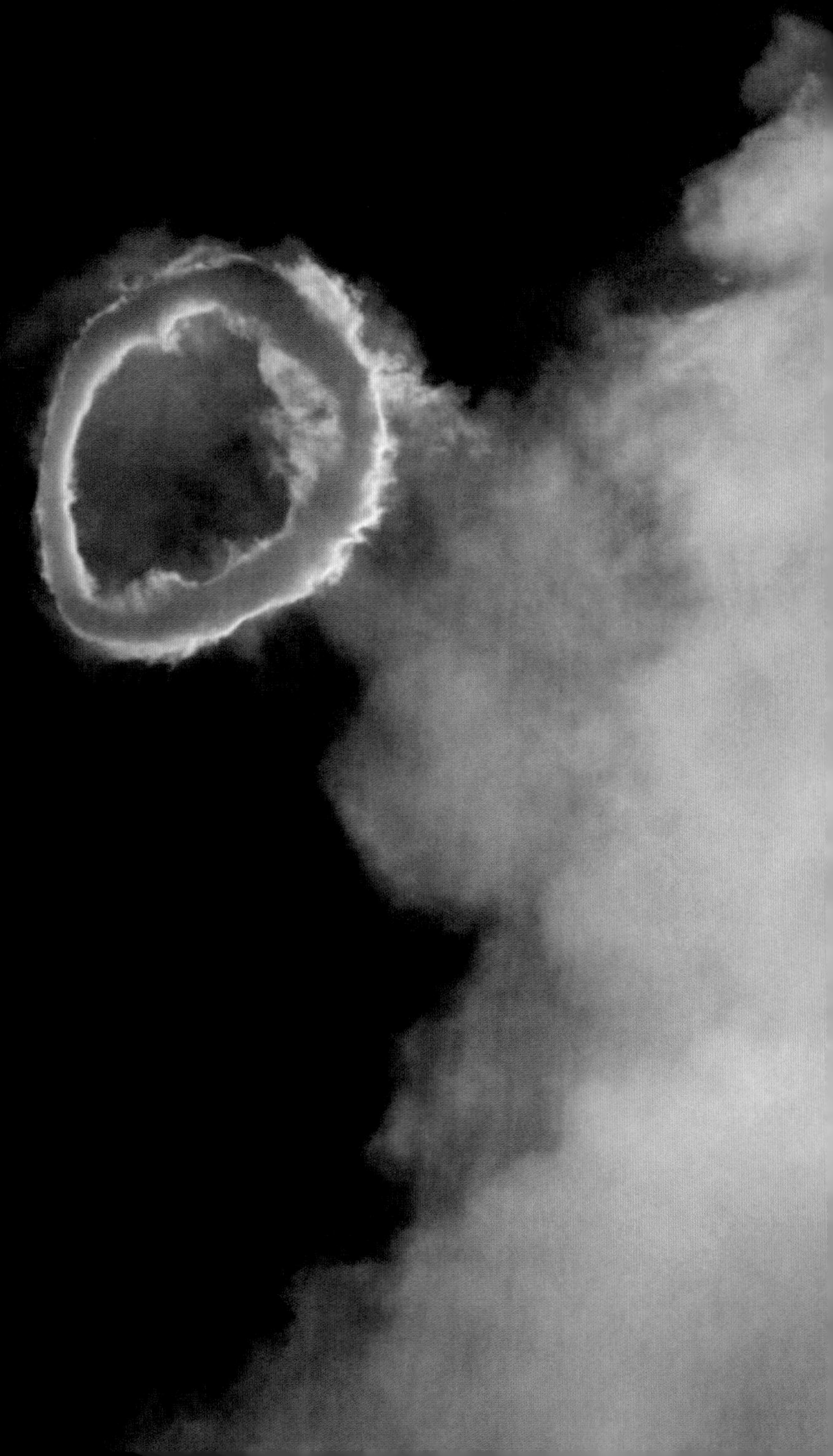

# Ausland Absturz vom Gipfel

Von Tilman Müller

Bill Clinton war wieder mal ungestüm. Im Sporthemd drängte er in Camp David auf eine Beilegung des 100-jährigen Konflikts zwischen israelischen Juden und palästinensischen Arabern. Auch sein Junior-Partner, Israels Premier Ehud Barak, demonstrierte beim Gipfel im Juli mit offenem Hemdkragen schon etwas Nahost-Entspannung. Doch Jassir Arafat ließ sich nicht überrumpeln. Als seine Widersacher weder in der Jerusalem-Frage noch bei der Eindämmung jüdischer Siedlungen Zugeständnisse machten und nicht einmal über die UN-Resolution 242 sprechen wollten, die den Rückzug Israels aus allen besetzten Gebieten vorsieht, da rastete der PLO-Chef aus. „Mr. President", herrschte er den Amerikaner an, „Sie möchten wohl an meinem Begräbnis teilnehmen." Es folgte ein Krieg, den keiner gewinnen kann. Eine ungleiche Schlacht zwischen Steinewerfern und Scharfschützen, die die Aussicht auf Frieden zunichte machte. Über 300 Menschen, die meisten Palästinenser, starben bei den Zusammenstößen, die Israels rechtsnationaler Ex-General Ariel Sharon Ende September durch seinen Besuch des Tempelbergs in Jerusalem provoziert hatte.

Arafat, hör auf zu verhandeln" – diese Parole der islamischen Extremisten machte sich nun die Mehrheit der Palästinenser zu Eigen. Wie die erste Intifada von 1987 bis 1993 war ihre Revolte spontan und militärisch gesehen eher ein Misserfolg. Doch an der PR-Front siegten die Palästinenser: Aller Welt wurde wieder vor Augen geführt, wie im Gazastreifen und in weiten Teilen der Westbank eine kleine Minderheit jüdischer Siedler die Mehrheit der Araber unterdrückt. Auch der israelische Staat geriet immer tiefer in den Strudel der Eskalation: Liberale Schriftsteller und Politiker forderten die Auflösung der Siedlungen, Konservative hingegen ein noch härteres Vorgehen des Militärs. Schon das Scheitern der Friedensverhandlungen mit Syrien und der hastige Rückzug israelischer Truppen aus dem Libanon hatten gezeigt, wie unsicher Barak agiert – durch die neue Intifada verlor er endgültig die Kontrolle und trat zurück. Um bei der Neuwahl des Ministerpräsidenten nicht chancenlos dazustehen, musste der Ex-General für stabilere Verhältnisse sorgen und bemühte sich, doch noch zu einem Friedensschluss mit den Palästinensern zu kommen. Das wollte auch Clinton. Bis in die letzten Tage seiner Amtszeit versuchte der scheidende US-Präsident, Arafat und Barak für einen neuen Dreier-Gipfel zu gewinnen. Zu gern wäre er als Friedensstifter in die Geschichte eingegangen.

**In der Klemme: Clinton zwischen Barak und Arafat**

## David gegen Goliath

Im Gaza-Streifen laufen junge Palästinenser mit der blutüberströmten Leiche eines Kameraden weg, der beim Steinewerfen von israelischen Soldaten erschossen wurde. Mehr als 200 meist jugendliche palästinensische Demonstranten starben während der mit ungleichen Waffen ausgetragenen Kämpfe, die Ende September ausbrachen.

# Mohammed ohne Chance

An der Netsarim-Kreuzung im Gaza-Streifen, 30. September, kurz nach 12 Uhr. Der zwölfjährige Palästinenser-Junge Mohammed und sein Vater Jamal al-Dura kauern hinter einer Betonröhre. Sie suchen Schutz vor den um sie herum einschlagenden Geschossen, die israelische Soldaten aus ihrem etwa 100 Meter entfernten Stützpunkt abfeuern. Verzweifelt versucht der Vater, seinen Sohn mit dem Arm zu schützen. 45 Minuten dauert der Beschuss. Mohammed ist tot – eine Tragödie, die der Reporter Talal Abu Rahma mit seiner Videokamera dokumentiert hat und die Millionen von Fernsehzuschauern in aller Welt erschütterte. Selbst die israelische Zeitung „Háaretz" fand: „Es war einer der schrecklichsten Filme, die je im Nahen Osten gemacht wurden."

## Blut an den Händen

In Ramallah am 12. Oktober. Kopfüber wird die Leiche eines israelischen Soldaten aus dem ersten Stock einer palästinensischen Polizeistation geworfen.

Triumphierend und mit Blut an den Händen zeigt sich wenig später einer der Mörder am Fenster dem johlenden palästinensischen Mob. Das von einem italienischen Fernsehteam dokumentierte Massaker an den israelischen Soldaten Vadim Norzich und Yossi Avrahami löste nicht nur in Israel fassungsloses Entsetzen aus. Unmittelbar nach der Bluttat eskalierten die Unruhen, die zwei Wochen zuvor ausgebrochen waren – israelische Kampfhubschrauber flogen mehrere Raketenangriffe auf Ziele im Westjordanland und im Gaza-Streifen.

# Reise der Versöhnung

Papst Johannes Paul II. verbeugt sich an der Klagemauer in Jerusalem und steckt nach jüdischem Brauch ein Gesuch an Gott zwischen die Quader. Mit dieser Geste zum Abschluss seines Israel-Besuchs im März bat das Oberhaupt der römisch-katholischen Kirche ausdrücklich um Vergebung für die Judenverfolgungen, an denen allzu oft auch Christen beteiligt waren. Die viel beachtete Reise der Versöhnung, die auch einen Besuch in der Holocaust-Gedenkstätte Yad Vashem einschloss, stieß in Israel auf große Zustimmung. Der Papst habe einen Wandel in der Haltung der Kirche gegenüber den Juden herbeigeführt, sagte Israels Premier Ehud Barak.

## Der Tag des Triumphes

**Belgrad, 5. Oktober, nachmittags 15.45 Uhr: Mit Handgranaten und teils gut geschützt gegen Tränengas haben sich Demonstranten den Zugang zum Parlament erkämpft. Es ist die Stunde des Triumphes: Nach Jahren erfolglosen Widerstands feiern Hunderttausende überall in der jugoslawischen Hauptstadt den Sturz des verhassten Diktators Slobodan Milošević. Ein lang herbeigesehnter Aufstand, der zum Glück weitgehend unblutig verlief.**

# Der brave Präsident

Spätabends am 3. Oktober auf einer Kundgebung in der Industriestadt Kragujevac. Vojislav Koštunica winkt seinen Anhängern zu, noch ist unklar, ob er Serbiens neuer Präsident sein wird. Erst drei Tage später, nach dem Belgrader Volksaufstand und der Kapitulation des Despoten Slobodan Milošević, kann der Kandidat der demokratischen Opposition seinen klaren Sieg bei der jugoslawischen Prädidentenwahl sicherstellen. Der in Belgrad geborene Jura-Professor, ein gemäßigter Nationalist mit dem Charisma eines braven Buchhalters, will sein lange isoliertes Land zügig dem Westen öffnen. Doch in vielem verhält sich der 56-Jährige einem Bonmot der Belgrader Zeitschrift „Vreme“ zufolge „noch wie bei der Demontage einer hochexplosiven Bombe“. Vor allem lehnt er es ab, den Balkan-Brandstifter Milošević an das Haager Kriegsverbrechertribunal auszuliefern.

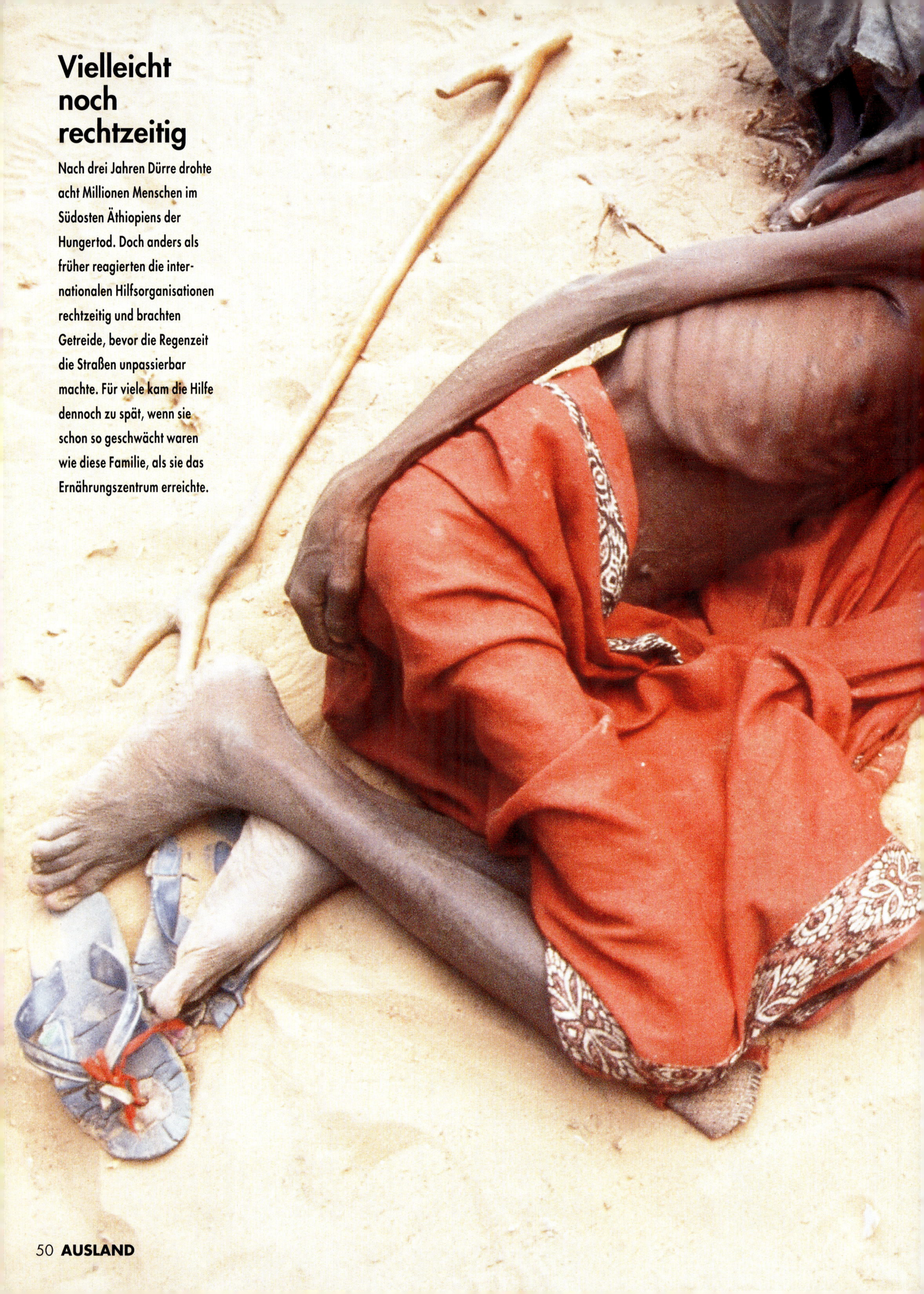

# Vielleicht noch rechtzeitig

Nach drei Jahren Dürre drohte acht Millionen Menschen im Südosten Äthiopiens der Hungertod. Doch anders als früher reagierten die internationalen Hilfsorganisationen rechtzeitig und brachten Getreide, bevor die Regenzeit die Straßen unpassierbar machte. Für viele kam die Hilfe dennoch zu spät, wenn sie schon so geschwächt waren wie diese Familie, als sie das Ernährungszentrum erreichte.

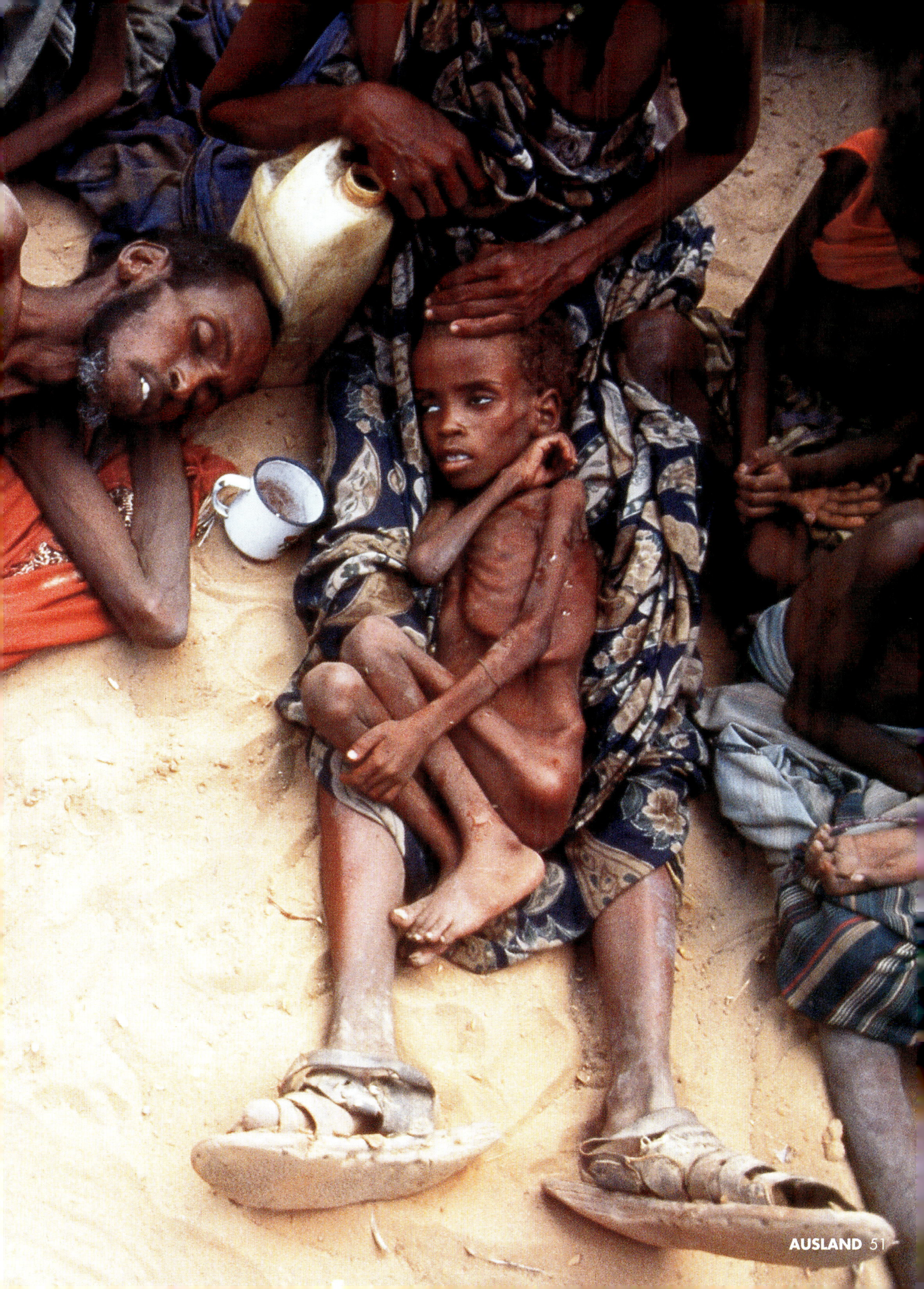

# Selbstmord auf Befehl

Kanungu, Uganda, 20. März: Sträflinge reißen die Wände einer Kirche ein und beginnen damit, mehr als 500 verkohlte Leichen zu beerdigen. Die Opfer, Mitglieder der Weltuntergangssekte „Bewegung für die Wiedereinsetzung der Zehn Gebote Gottes“, hatten sich drei Tage zuvor selbst verbrannt – auf Befehl der Sektenführerin Mwerinde. Die religiöse Fanatikerin, die an mehreren Orten Ugandas insgesamt 979 Menschen in den Tod trieb, ist seither verschwunden.

## Aids beherrscht ihr Leben

In einem Vorort von Durban holt die Krankenschwester Busiwe Mathe eine Aidskranke mit der Schubkarre in ihre Station. In Südafrika ist bereits die Hälfte aller jungen Frauen HIV-infiziert. In den 40 afrikanischen Ländern der Sub-Sahara-Region wütet die Epidemie am schlimmsten: Allein 3,8 Millionen Menschen sind dort im Jahr 2000 neu an Aids erkrankt.

# Der kalte Machthaber

Mit unberührtem Blick präsentiert sich Wladimir Putin in Moskau bei einer Parade zum 55. Jahrestag des Sieges im Zweiten Weltkrieg. Unter dem neuen Präsidenten, einem Ex-Spion mit Vorliebe für das Zackige, haben in Russland wieder das Militär und die Geheimdienste das Sagen. Doch als im August 118 Soldaten des Atom-U-Boots „Kursk" ums Leben kamen, beging Putin einen groben Fehler: Am Ort des schwersten Unfalls in der Geschichte der russischen Flotte ließ er sich nicht blicken, sondern machte Urlaub an der Schwarzmeerküste. Wegen des miserablen Krisenmanagements wurde der kalte Machthaber erstmals seit seiner Wahl selbst zum Ziel der Kritik.

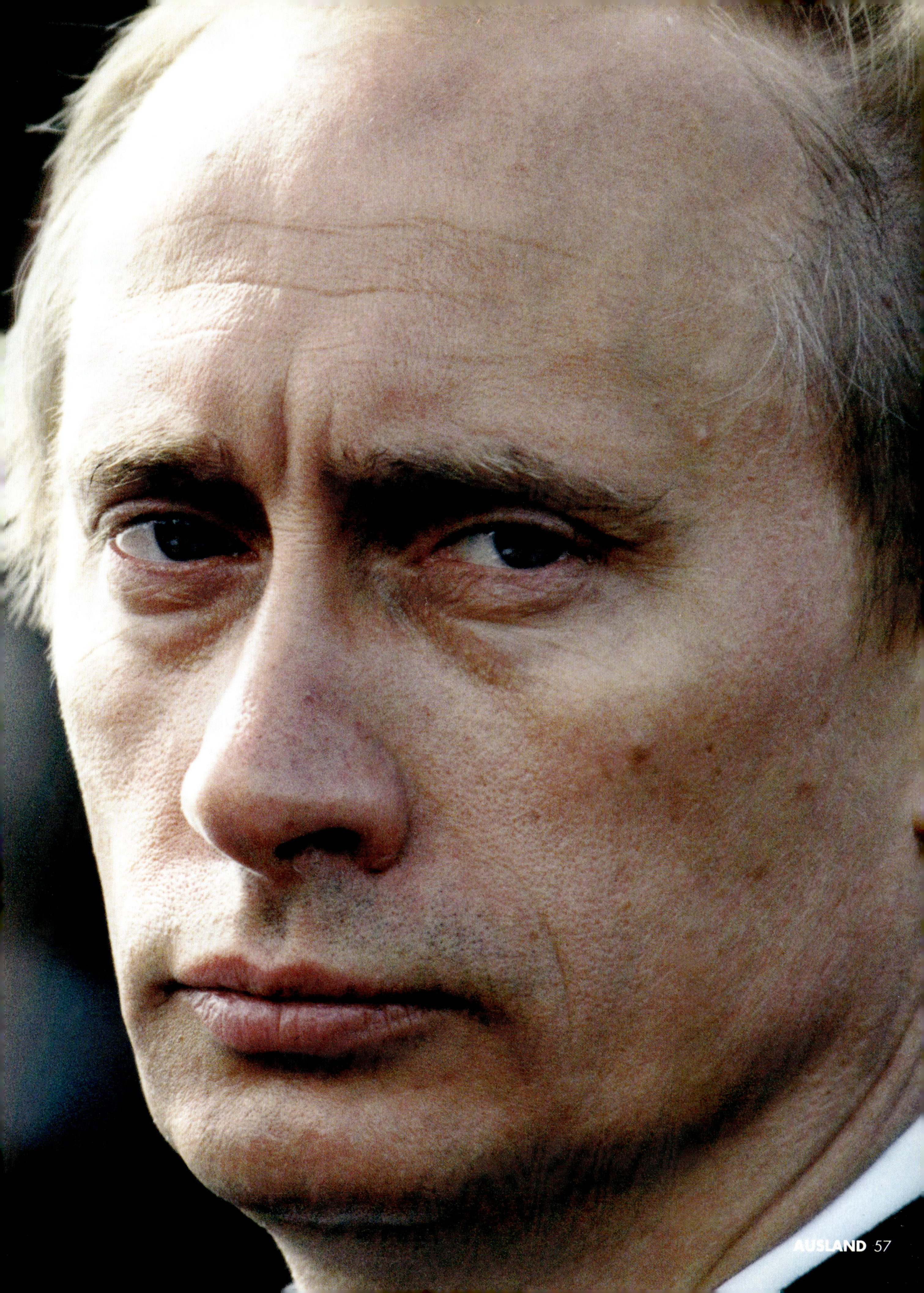

## Dmitrij liebte Olga und das Meer

Ein undatiertes Foto von Dmitrij Kolesnikow und seiner Frau Olga auf der „Kursk" im Militärhafen Seweromorsk. Nach dem Untergang des russischen Atom-U-Boots entdeckten Taucher am 26. Oktober bei der Leiche des Kapitänleutnants einen Brief an seine Frau, die er erst kurz vor der Katastrophe geheiratet hatte. „13.15 Uhr, die gesamte Besatzung der sechsten, siebten und achten Sektion ist in die neunte übergewechselt", heißt es in der Notiz, „wir sind 23 Mann, keiner kann an die Oberfläche gelangen." Der Offizier schloss mit den Worten: „Ich schreibe blind" – ein Hinweis darauf, dass zu diesem Zeitpunkt bereits die Notbeleuchtung ausgefallen war.

# Der Krieg kommt nach Moskau

Ein halbes Jahr nach der Einnahme Grosnyjs durch russische Truppen kommt der Krieg vom fernen Kaukasus wieder einmal in die Hauptstadt: Am 8. August, zur Rush-Hour gegen 18 Uhr, explodiert eine Bombe in einer zum Einkaufszentrum ausgebauten U-Bahn-Station unter dem Puschkin-Platz, unweit der Einkaufsmeile Twerskaja im Zentrum Moskaus. 13 Menschen werden getötet, mehr als 50 verletzt. Blutüberströmt, Kleider und Haut zerrissen, schleppen sich Verwundete aus den Metro-Schächten an die Oberfläche, brechen auf dem Gehweg zusammen, kauern sich apathisch auf den Boden. Passanten kümmern sich um sie, bis Notärzte und Dutzende Krankenwagen eintreffen. Für Präsident Putin bedeutet das Attentat tschetschenischer Kämpfer einen persönlichen Rückschlag, hatte er doch vor seiner Wahl eine rasche Erledigung des „Terroristen-Problems" in der abtrünnigen Provinz versprochen und später großspurig den russischen Sieg verkündet. Die Moskauer fühlen sich an den September 1999 erinnert, als bei Anschlägen auf russische Wohnhäuser 300 Menschen starben. Auch damals reagierten die Behörden hilflos: Krisensitzungen, Geheimdienstermittlungen, Militärkontrollen – es half nicht.

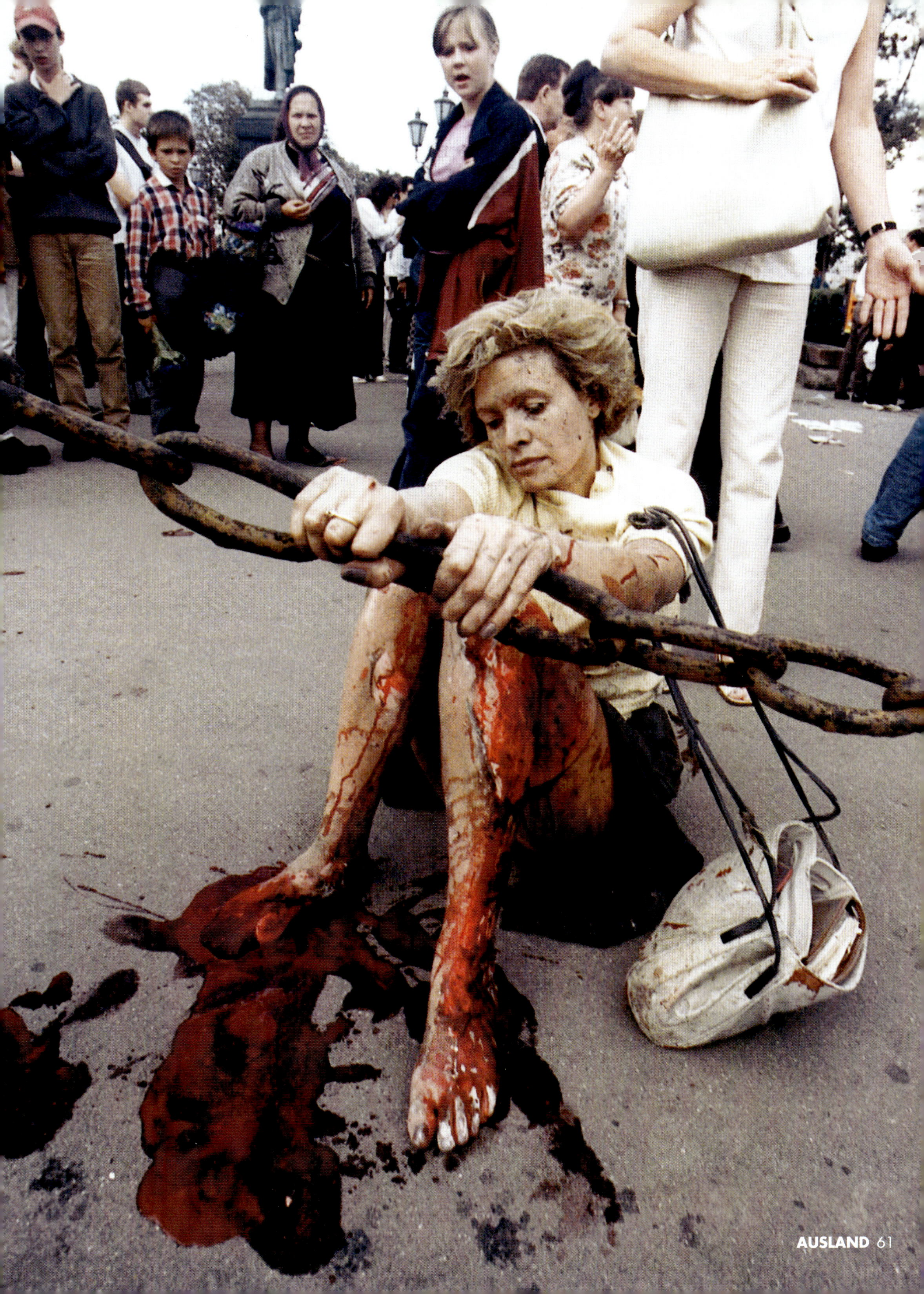

# Protzbau in Flammen

Am Anfang war ein Kurzschluss, dann gab es einen Kabelbrand in 450 Meter Höhe. In diesem Augenblick wurden die Fernsehschirme in Moskau und Umgebung dunkel, während sich das Feuer im Fernsehturm Ostankino, dem mit 537 Metern höchsten Bauwerk Europas, rasch ausbreitete – auch nach unten. Zahlreiche Gäste des Drehrestaurants in 330 Meter Höhe konnten über Treppen evakuiert werden, ein Feuerwehrmann, ein Techniker und eine Fahrstuhlführerin fanden dagegen den Tod, als sie mit einem Lift abstürzten. Einen Tag lang wütete der Brand, danach wurden so starke Beschädigungen an dem Bauwerk festgestellt, dass nicht klar ist, ob es erhalten werden kann.

# Leben in der toten Stadt

Wo der Sanitätsposten der russischen Armee mit Möbeln aus Trümmerhäusern Quartier bezogen hat, pulsierte einst das Leben: am Minutkaplatz in Grosnyj, der Hauptstadt Tschetscheniens. Nach Monaten des Bombardements gibt es in der ganzen Stadt kaum noch ein heiles Haus, die Besatzer beherrschen das Straßenbild. Die Einwohner, die überlebt haben, suchen in den Ruinen nach Essbarem, Brauchbarem. Der Kampf des Kaukasus-Volkes um seine Unabhängigkeit ist aber noch nicht zu Ende: Die versprengten Reste der Kämpfer haben sich in die Berge zurückgezogen, greifen im Guerilla-Stil immer wieder die verhassten Russen an und fügen ihnen schwere Verluste zu.

# Sieh mal an

Auf einem Radarbild sind die Umrisse von Menschen erkennbar, die im Laderaum eines Lastwagens versteckt die Grenze zwischen Guatemala und Mexiko passieren. Mit Hilfe ihres neuen Durchleuchtungssystems gelingt es den mexikanischen Behörden, dem an der Südgrenze grassierenden Menschenschmuggel auf die Spur zu kommen, der oft von Verbrecher-Syndikaten organisiert wird. Viele der illegalen Einwanderer, die aus Süd- und Mittelamerika kommen, versuchen über Mexiko in die USA zu gelangen und dort Arbeit zu finden. Mit der mobilen Radaranlage ist es möglich, neben illegalen Immigranten auch Drogen und Waffen aufzuspüren.

## Einig mit dem König

40 000 Frauen zogen am 12. März durch die Straßen von Marokkos Hauptstadt Rabat, um die Regierung bei ihrem Versuch zu unterstützen, Frauen mehr Rechte zu verschaffen. Die neue Gesetzgebung ist Teil eines Reformprogramms, das auf den jungen König Mohammed VI. zurückgeht. Der möchte das nordafrikanische Land modernisieren. Die Demonstration der Frauen provozierte islamische Fundamentalisten in Casablanca zu wütenden Protesten gegen die „Verwestlichung" ihrer Heimat.

للعزلة والعنف

# Aktion Kniefall

Die Arme hinter dem Kopf verschränkt und mit einem Seil aneinander gefesselt, knien 65 Polizisten halb nackt auf der Plaza von Francisco Madero im mexikanischen Bundesstaat Hidalgo. Aufgebrachte Bürger hatten sie als Geiseln genommen, um den Gouverneur zu zwingen, gegen Willkür und Korruption bei der Polizei vorzugehen. Brutalität und kriminelles Verhalten der Ordnungshüter haben in Mexiko Tradition – ein Zustand, den auch der neue Präsident Vicente Fox schwerlich ändern wird.

## Terror wie eh und je

Sprengstoff-Spezialisten stochern in dem Trümmerhaufen, den eine ferngezündete Autobombe der baskischen Separatisten-Organisation ETA in Madrid anrichtete. Bei dem Anschlag starben einer der höchsten Richter Spaniens sowie sein Fahrer, sein Leibwächter und ein Busfahrer. Seit die ETA im Dezember 1999 den Waffenstillstand mit der Regierung aufkündigte, hat sie mit einer Serie von Attentaten gegen Polizisten, Politiker und Militärs bei der Bevölkerung Schrecken, aber auch Empörung ausgelöst. Trotz spektakulärer Fahndungserfolge der Polizei scheint die Schlagkraft der Terroristen ungebrochen.

## Das große Fressen

Ein Fest zu Ehren Christi auf der Insel Wallis im Südpazifik, die seit 1842 zu Frankreich gehört. Vor dem reich dekorierten Palais von König Tomasi Kulimoet-oke, 82 Jahre alt und seit 40 Jahren Regent, sind gebratene Schweine angerichtet. Der mit einer monatlichen Apanage aus Paris wohlbestallte Monarch verteilt bei dem großen Fressen huldvoll Fleischportionen an die Bauern aus den umliegenden Dörfern.

# Urlaub des Schreckens

Nach 140 Tagen war das Geiseldrama vorüber. An dem Tag, als die philippinischen Kidnapper endlich auch Sohn Marc freigaben, ließ Werner Wallert sich von seiner Frau

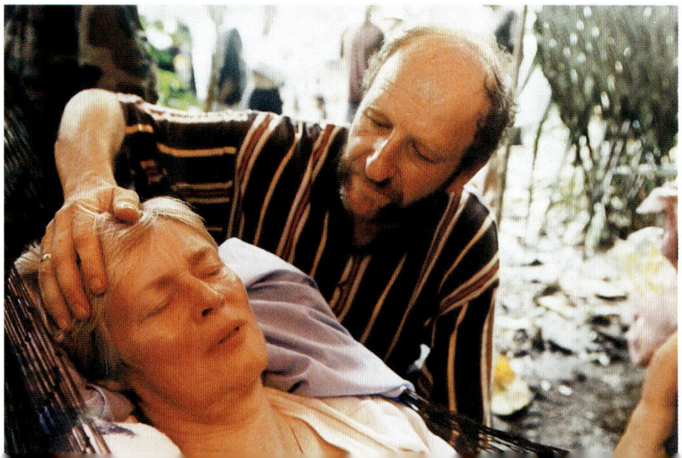

Renate den Bart abnehmen, den er sich während der Geiselhaft auf der Insel Jolo hatte wachsen lassen – und das Lehrer-Ehepaar konnte in Göttingen das Ende des Horror-Trips feiern. Mit anderen Touristen waren die Wallerts zu Ostern von der Insel Sidapan in Malaysia aus ihrem Taucher-Urlaub entführt und in zwei Motorbooten von Rebellen auf die südphilippinische Insel Jolo geschafft worden. Die muslimischen Abu-Sayyaf-Rebellen behaupteten, ihre Aktion diene dem Kampf für die Unabhängigkeit der Region. Bei den Verhandlungen mit den Entführern stellte sich aber schnell heraus, dass es ihnen vor allem um Lösegeld ging. Zunächst kaufte die Bundesregierung über libysche Vermittler die seelisch angeschlagene Renate Wallert frei. 48 Tage später durfte ihr Mann zurück, 16 Tage danach Sohn Marc. Auch einige Journalisten, die über den Fall berichteten, wurden gekidnappt, darunter „Spiegel"-Reporter Andreas Lorenz, den Chefredakteur Aust nach 25 Tagen freibekam.

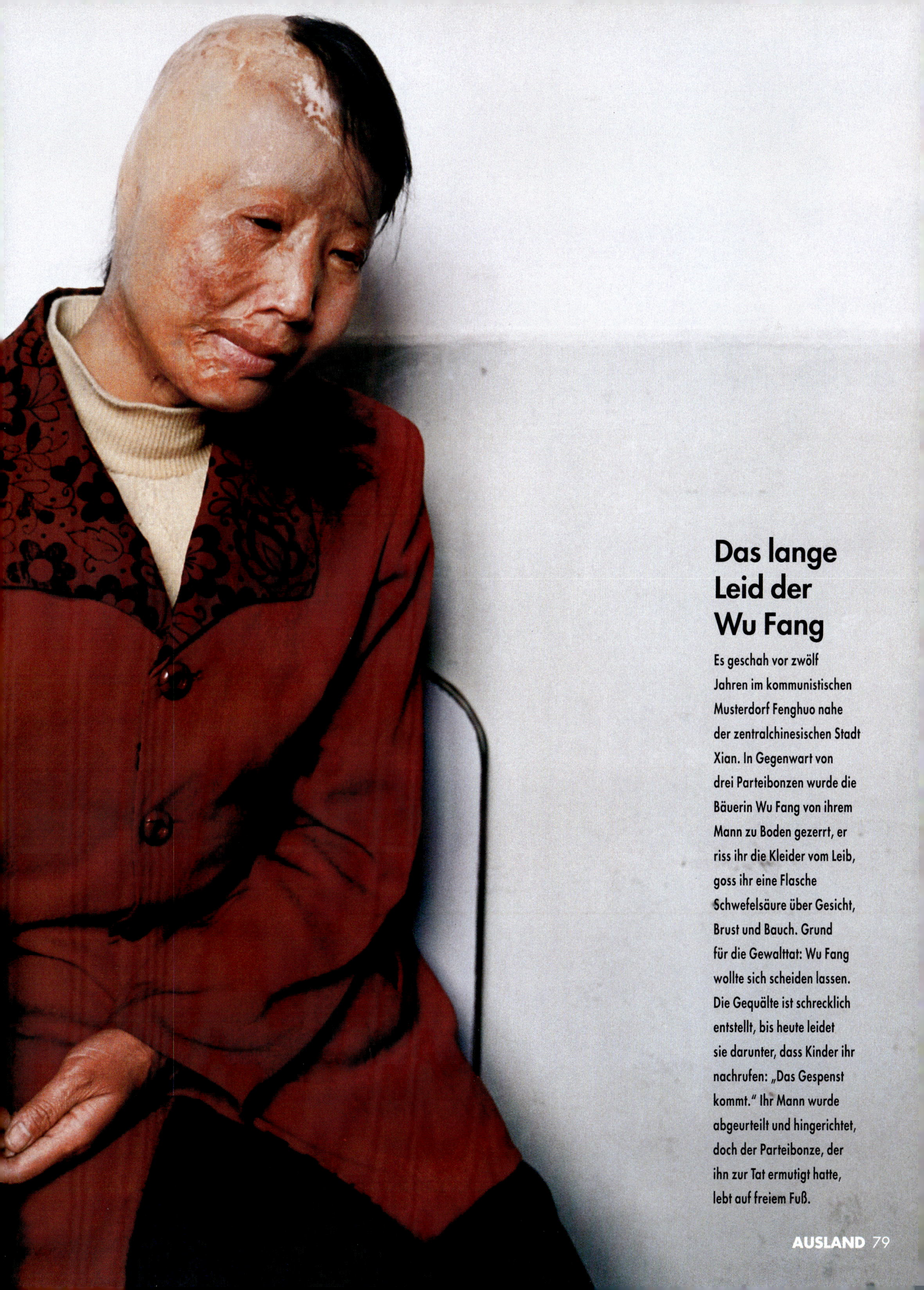

## Das lange Leid der Wu Fang

Es geschah vor zwölf Jahren im kommunistischen Musterdorf Fenghuo nahe der zentralchinesischen Stadt Xian. In Gegenwart von drei Parteibonzen wurde die Bäuerin Wu Fang von ihrem Mann zu Boden gezerrt, er riss ihr die Kleider vom Leib, goss ihr eine Flasche Schwefelsäure über Gesicht, Brust und Bauch. Grund für die Gewalttat: Wu Fang wollte sich scheiden lassen. Die Gequälte ist schrecklich entstellt, bis heute leidet sie darunter, dass Kinder ihr nachrufen: „Das Gespenst kommt." Ihr Mann wurde abgeurteilt und hingerichtet, doch der Parteibonze, der ihn zur Tat ermutigt hatte, lebt auf freiem Fuß.

## Keine Hoffnung

Tatenlos schauten ängstliche Tierschützer und korrupte Wildlife-Bürokraten zu, als diese junge indische Tigerin mit der linken Vorderpfote in einer Schlagfalle steckte und Höllenqualen litt. Erst nach Tagen wurde der brandig gewordene Lauf abgehackt. Jetzt hockt der gestreifte Krüppel in einem primitiven Zoo von Raipur. Die Dschungelkönige werden in Indien von Wilderern gejagt und zu Potenzmitteln verwurstet. Außerdem zerstören Holzdiebe und Bodenspekulanten ihr grünes Reich.

## Ran an die Klamotten

Kleider machen Läufe – was im Februar als Werbespaß des österreichischen Textilkaufhauses „Kleider Bauer" in Wien gedacht war, führte zu massenhaftem Nacktrennen. Sprinten tat zur Ladenöffnung Not, denn nur die ersten fünf Stripper, die an der Kaufhauskasse anschlugen, durften sich für 700 Mark einkleiden. Der Rest musste nackt nach Hause, denn kaufen konnten sie sich gegen die Februarkälte nichts – sie hatten sichtlich kein Geld dabei. „Kleider Bauer" gefiel der schniedelige Besuch so gut, dass das Angebot dreimal wiederholt wurde.

Foot
Triestina

# Wie sieben Tage Regenwetter

Auch wenn nichts passiert, trägt Britanniens Prinz Charles sichtbar schwer an der Bürde, Thronfolger zu sein. Dabei war es ein vergleichsweise fröhliches Jahr für die Royals – Feier auf Feier. Spross William wurde volljährig, Queen Mum wurde 100 und Bruder Andrew 40. Doch besonders das Flüggewerden des hoch gewachsenen Teenie-Lieblings William beunruhigte den Vater, weil sich im Palast die Meldungen häuften, der junge Mann treibe sich zwar in hoher, aber zweifelhafter Nachtgesellschaft herum. Dass ausgerechnet der Sohn von Charles' ewiger Liebe Camilla Parker Bowles auch noch in Drogengerüchte rutschte, verdarb den sorgenden Eltern die Feiersaison.

# Deutschland Die Mehrheit schweigt nicht mehr

**Von Wolfgang Metzner**

Deutschland im Jahr 2000: In Dessau wird der gebürtige Mosambikaner Alberto Adriano 50 Meter vor seinem Wohnhaus von drei Jugendlichen zu Tode geprügelt, die schon wegen SS-Runen im Haarschnitt und Heil-Hitler-Gebrüll verurteilt sind. Auf der Insel Usedom wird ein Obdachloser zu Tode getreten, weil er für die Angreifer ein „asozialer Landstreicher“ war. Kaum ein Tag, an dem nicht neue rechtsradikale Übergriffe gemeldet werden: Anschläge auf Asylbewerberheime, Prügel für Behinderte, Angriffe auf Farbige, die man durch die Straßen jagt. Während im Osten der Republik grölende Skins „national befreite Zonen“ besetzen, hat im Westen der CDU-Spitzenmann Jürgen Rüttgers die Wahlkampfparole „Kinder statt Inder“ ausgegeben. In den ersten neun Monaten des Jahres steigt die Zahl der rechtsextremen und fremdenfeindlichen Straftaten auf rund 10 000. Alberto Adriano ist einer von über 100 Menschen, die seit der Wende von Rechtsradikalen ermordet wurden. Aber endlich steht die schweigende Mehrheit gegen den braunen Terror auf. „Jetzt reicht's!“, „Gesicht zeigen!“, „Netz gegen Rechts“ – unter solchen Parolen macht ein breites Bündnis von Prominenten und Bürgern Front gegen den Fremdenhass.

Sport-Größen wie Boris Becker und Franz Beckenbauer, Schauspielerinnen wie Veronica Ferres und Iris Berben, Rockmusiker wie Udo Lindenberg und Herbert Grönemeyer werben für Zivilcourage und ein weltoffenes Deutschland. Während die Politiker noch über ein NPD-Verbot streiten, startet der *stern* die Aktion „Mut gegen rechte Gewalt“. Mit Spenden werden Gruppen unterstützt, die sich um Opfer rassistischer Übergriffe kümmern. Und das Projekt „Exit“ wird ins Leben gerufen, das Neonazis den Ausstieg aus der Szene erleichtern soll. Sascha Stange ist einer der Ersten; der 21-jährige NPD-Funktionär aus Hessen hatte als Computerspezialist für die Jugendorganisation „Junge Nationaldemokraten“ gearbeitet und enthüllt, wie Neonazis das Internet nutzen, bevor er von „Exit“ ins Ausland gebracht wird. Der zivile Aufstand gegen die rechte Barbarei zeigt sein Gesicht am 9. November, dem Jahrestag des Pogroms der Nazis gegen Juden im Jahr 1938. Mehr als 200 000 demonstrieren in Berlin für Menschlichkeit und Toleranz. Und als 2000 NPD-Anhänger später in Berlin gegen ein geplantes Parteiverbot protestieren wollen, stoppen Gegendemonstranten den Aufmarsch. Bundestagspräsident Wolfgang Thierse: „Wir überlassen den Braunen nicht die Straße.“

**NPD ade: Sascha Stange macht nicht mehr mit**

## Schwarz-Weiß-Rot-Braun

Demonstrationen der NPD wie in Magdeburg werden zum öffentlichen Ärgernis. Bayerns Innenminister Günther Beckstein fordert ein Verbot der rechtsradikalen Partei, die offenbar zum Sammelbecken gewaltbereiter Skinheads geworden ist. Nach heftiger Debatte hat die Bundesregierung im Herbst beschlossen, das Verbot beim Bundesverfassungsgericht zu beantragen.

Magdebu

## 55 Jahre nach Hitler

Der jüdische Friedhof in Schwäbisch Hall – geschändet von Unbekannten. Kein Einzelfall in diesem Jahr. Laut Verfassungsschutz wird im Durchschnitt jede Woche ein jüdischer Friedhof zum Ziel von Schmierereien und Übergriffen. Im April schleudern Rechtsextremisten einen Molotowcocktail auf die Erfurter Synagoge. Im Oktober folgen Anschläge auf Gotteshäuser in Düsseldorf und Berlin. Deutsche Juden sehen sich mit der Frage konfrontiert, ob es „richtig war, hier wieder jüdische Gemeinden aufzubauen", so Paul Spiegel, Präsident des Zentralrats der Juden in Deutschland.

## Mut gegen Gewalt

Einen „Aufstand der Anständigen" fordert Bundeskanzler Gerhard Schröder angesichts der Welle von antisemitischen und rechtsextremistischen Anschlägen in Deutschland. Am 9. November, 62 Jahre nach der so genannten Reichspogromnacht, stehen Anständige in Berlin auf. 200 000 Bürger demonstrieren „Für Menschlichkeit und Toleranz". Bundespräsident Johannes Rau appelliert an die Jugend: „Gebt dem Hass und der Gewalt keine Chance!", die Berliner Staatskapelle spielt die Fünfte von Beethoven. Nicht Klassik, sondern Rock ist auf der CD „Mut" zu hören, die der *stern* für die Aktion „Mut gegen rechte Gewalt" zusammenstellt. Prominente wie Box-Weltmeister Dariusz Michalczewski, TV-Moderator Ulrich Wickert oder Hip-Hopper Smudo unterstützen die Aktion, mit der Geld für Anti-Rassismus-Projekte gesammelt wird.

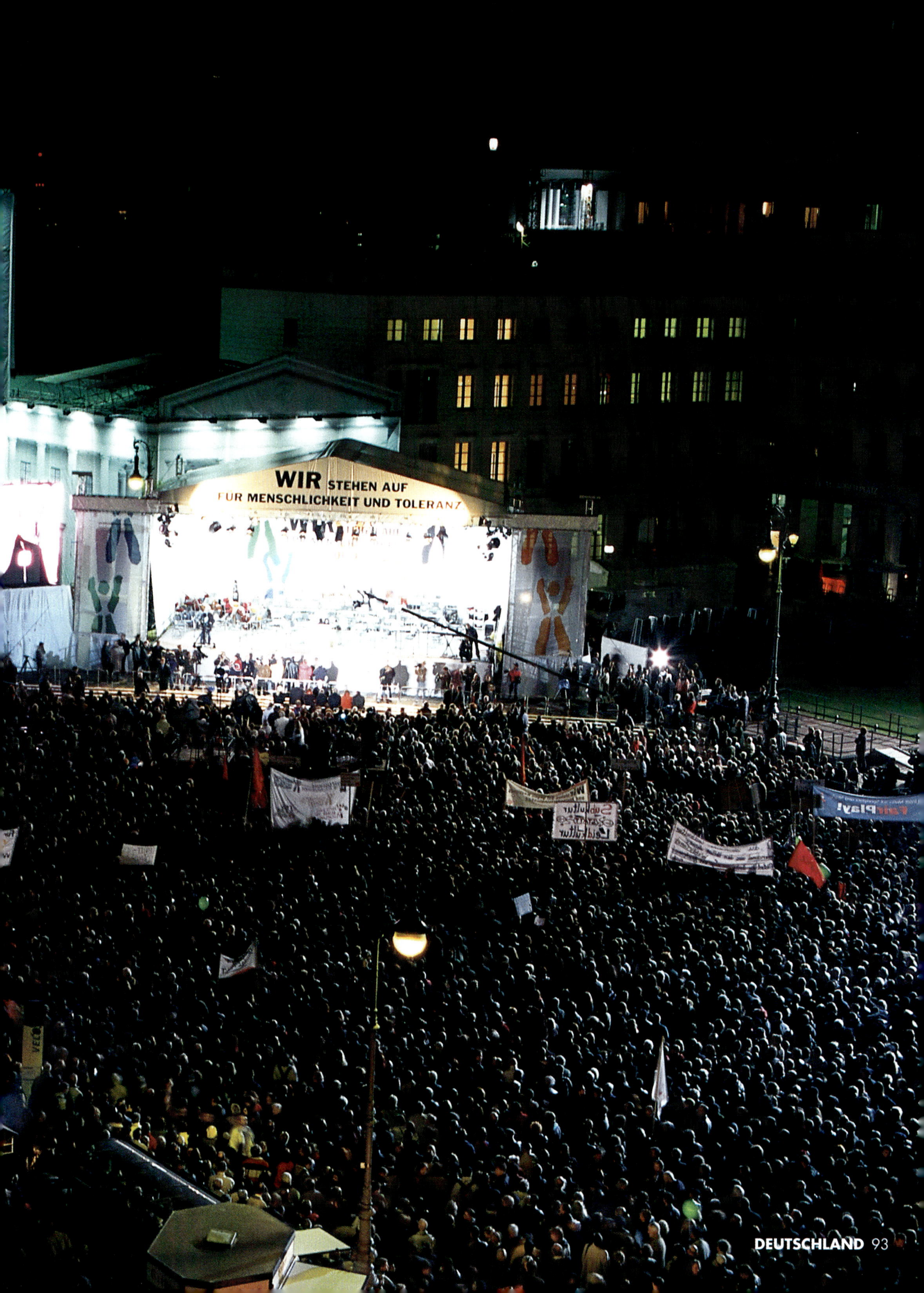
WIR STEHEN AUF
FÜR MENSCHLICHKEIT UND TOLERANZ

# Kanzler auf hohem Ross

Manchmal macht Regieren ja richtig Spaß. Wenn es – ausnahmsweise – ordentlich flutscht. Wenn man Wahlen gewinnt, wie in Schleswig-Holstein und Nordrhein-Westfalen. Wenn sich die Opposition wg. Kohleone selbst zerlegt. Wenn die Wirtschaft brummt und die UMTS-Milliarden fließen. Wenn man die Steuerreform im Bundesrat durchkriegt und dabei die CDU auch noch vorführen kann. Dann, ja dann kann ein Kanzler sogar eine Art Ferienjob machen, sich vom Volk feiern lassend zwei Wochen durch die neuen Länder ziehen und dabei auch die Unstrut überradeln. Nur, leider, hält so ein Sommer nicht ewig an – und deshalb hatten Gerhard Schröder am Jahresende die Mühen der Regierungsebene mit Ministerrücktritten, EU-Knatsch und Streit um Rentenreform und Entfernungspauschale wieder. Aber das ist für ihn ja allmählich Gewohnheitssache.

## Joschka ganz oben

Eigentlich muss Außenminister Joschka Fischer sich nicht verstecken, weder im Regierungs-Airbus auf dem Flug nach Indien noch überhaupt. Gut, der Atomausstieg, den Rot-Grün dieses Jahr den Stromkonzernherren abgehandelt hat, könnte ein bisschen fixer kommen und mit kürzeren Restlaufzeiten. Auch die Nachnamensvetterin sollte aus ihrem Gesundheitsministerium etwas mehr machen. Der Kanzler-Koch dürfte gelegentlich stärker Rücksicht auf seine grünen Kellner nehmen, und die Presse bräuchte nicht immer über seine angeblichen Eheprobleme und seine Wandlung zum „Minister Griesgram" zu schreiben. Aber geschadet hat es dem ersten grünen Vizekanzler der Welt nicht. Auf der Beliebtheitsskala der Bevölkerung hielt er das ganze Jahr eine Spitzenposition.

## Mehr Geld? Keine Spur

Kein Geld, nirgends. So weit das Auge reicht: nichts. Zumindest nicht zusätzlich zum Ausgeben. Zum ersten Mal unternimmt eine Bundesregierung ernsthaft den Versuch, gleichzeitig die Steuerbelastung der Bürger und die Staatsschulden Schritt für Schritt abzubauen. Außerplanmäßige Mehreinnahmen wie die Gebühren für Handy-Lizenzen fließen direkt in Hans Eichels Sparstrumpf. 2006 will der Finanzminister den ersten ausgeglichenen Etat vorlegen. Auch der Verteidigungsminister, sonst immer einer der Ersten, die mehrmehrmehr schreien, muss sich deshalb beschränken. In den nächsten Jahren will Rudolf Scharping die Empfehlungen der Wehrstruktur-Kommission umsetzen, die Bundeswehr verkleinern und Standorte schließen. Nur vor dem letzten, logischen Schritt scheut er noch zurück: die Wehrpflicht abzuschaffen.

# Immer schön abwärts

Es gibt ja solche Unglücksraben, denen der Toast immer auf die Butterseite fällt; denen einmal pro Woche der Schnürsenkel reißt. Reinhard Klimmt war nach 13-jähriger Fronarbeit als SPD-Fraktionschef gerade ein knappes Jahr Ministerpräsident im Saarland, da kostete ihn die Rumpel-Vorstellung der rot-grünen Bundesregierung im vorigen Sommer Wahlsieg und Amt. Zum Trost holte ihn Gerhard Schröder als Bau- und Verkehrsminister ins Berliner Kabinett – auch den Job war Klimmt schnell los. Mit 27000 Mark Strafe wegen Beihilfe zur Untreue und einem Eintrag ins Vorstrafenregister muss der Fußballnarr dafür büßen, dass er als Präsident des 1. FC Saarbrücken einst einen Scheinvertrag unterzeichnet hat. Die Genossen drängten ihn zum Rücktritt. Nun sitzt er daheim und entstaubt seine Büchersammlung. Bisher unfallfrei. Noch.

5

# Nur noch weg

Solche Szenen gibt's sonst nur im Film. High Noon Unter den Linden in Berlin. Am 18. Januar, morgens um halb neun, rollt Wolfgang Schäuble in Helmut Kohls Berliner Büro. Er will seinem Vorgänger im CDU-Vorsitz, der über Jahre ein verzweigtes System schwarzer Kassen unterhalten ließ, die Namen seiner Millionen-Spender entlocken. Doch der Altkanzler kennt Schäubles Schwachstelle – eine nicht ordnungsgemäß verbuchte 100 000-Mark-Spende des Waffenhändlers Schreiber – und geht sofort zum Gegenangriff über: „Trittst du zurück?" Schäuble, der zwei Jahrzehnte lang (fast) alles für Kohl getan und ihm die Mehrheit gesichert hat, beendet das Gespräch abrupt: „Ich habe wohl schon zu viel meiner knapp bemessenen Lebenszeit mit dir verbracht." Entnervt vom Schweigen des Ex-Freunds, von dessen Intrigen und der Diskussion um die Schreiber-Gabe legt Schäuble wenige Wochen später Partei- und Fraktionsvorsitz nieder – Kohls letztes Opfer.

## Eine neue Liebe

Es war eine Wiedervereinigungsfeier eigener Art. Am 1. Oktober hatten sie sich wieder lieb, der Ex-Ehrenvorsitzende der CDU und sein „Mädchen". Rechtzeitig vor dem Jubiläum zum zehnten Jahrestag der Deutschen Einheit ließ sich Helmut Kohl auf einem Festakt zurück in den Schoß seiner Partei plumpsen. Vergeben, dass Merkel ein knappes Jahr zuvor verlangt hatte, die CDU müsse sich vom Schwarzkassierer lösen. Vergessen andererseits, dass der mit dem sturen Schweigen über seine anonymen Spender die CDU in die schwerste Krise ihrer Geschichte gestürzt hatte. Merkel wollte Ruhe in der Partei, und Kohl wollte das, was er schon immer wollte: Ehr´, Preis und Anerkennung. „In einer sehr persönlich gehaltenen Rede lobt Angela Merkel mich und kritisiert Schröder", notierte Kohl hernach in sein Tagebuch – die Welt stand endlich wieder auf den Füßen.

## Knallige Fehlstarts

Upps, das ging ins Auge! Irgendwie erinnern Friedrich Merz und Angela Merkel doch ein wenig an Jürgen Hingsen. Das war jener Zehnkämpfer, der bei Olympia als Favorit antrat, drei fulminante Fehlstarts in Folge hinlegte und deshalb bereits in der ersten Disziplin disqualifiziert

wurde. Ähnlich dämlich stellte sich das mit viel Vorschusslorbeeren bekränzte Führungs-Duo der CDU an. Merkel, im April von einer Welle der Sympathie der Basis ins Vorsitzenden-Amt gespült, wollte die Partei runderneuern – scheiterte aber am Widerstand der Kohlianer und musste bereits nach einem halben Jahr ihren Generalsekretär austauschen. Fraktionschef Merz holte sich bei der Steuerreform eine blutige Nase, als die eigenen CDU-Ministerpräsidenten ihn im Stich ließen, und prägte mit der „deutschen Leitkultur" eines der Unwörter des Jahres. Als lächelnder Dritter darf sich nun, so er will, Bayern-Regent Edmund Stoiber – links mit Laurenz Meyer, dem aktuellen CDU-General – Hoffnung machen, im Jahr 2002 Kanzlerkandidat werden zu dürfen.

## 13 Tage Treibjagd

Hundertschaften der Polizei durchkämmen im November die Wälder zwischen Berlin und Bautzen auf der Suche nach dem Triebtäter Frank Schmökel. Er war am 25. Oktober bei einer Ausführung aus der geschlossenen Nervenklinik Neuruppin geflüchtet, nachdem er seine Mutter und einen Bewacher niedergestochen hatte. Acht Tage später tötete Schmökel einen Rentner, um die Flucht mit dessen Auto fortzusetzen. Erst nach 13 Tagen

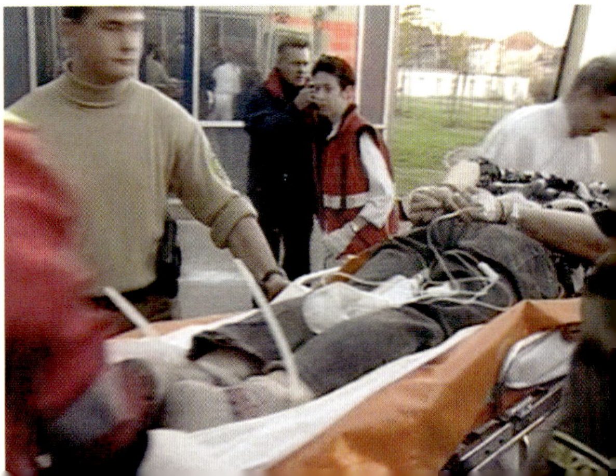

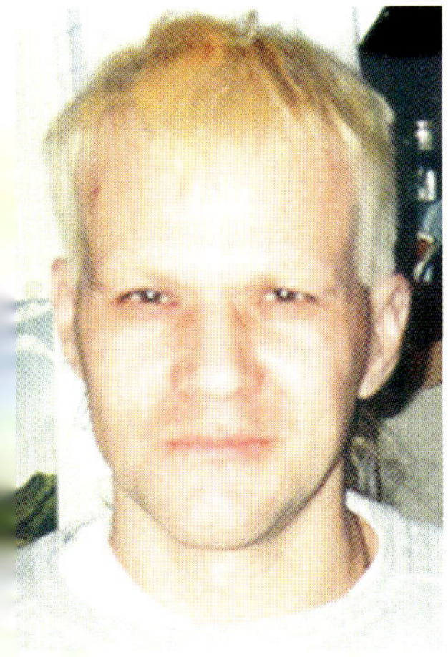

konnte der Sexualverbrecher bei Bautzen gestellt und nach einem Bauchschuss festgenommen werden. Die Flucht des 38-Jährigen, der bereits zum sechsten Mal aus dem Vollzug entkommen war, löste eine Debatte über die angemessene Behandlung psychisch kranker Schwerverbrecher aus. Während die Staatsanwaltschaft verlangte, Schmökel wegen erwiesener Therapieunwilligkeit in ein Gefängnis zu verlegen, gab der als Grund für seine Flucht an, nur verwahrt, aber nie therapiert worden zu sein.

# Tod auf dem Schulhof

26. Juni, Hamburg-Wilhelmsburg, Buddeschule, 12 Uhr. Der kleine Volkan Kaya ist tot. Zerfleischt von den Kampfhunden „Zeus" und „Gipsy", die über eine Mauer sprangen, 1,40 Meter hoch, und den Jungen anfielen. Die Polizei erschießt die Tiere, und die Nation debattiert nach der Tragödie über Zuchtverbote und Maulkörbe und Leinenzwang. Am Ende steht eine neue Hundeverordnung, die in jedem Bundesland anders aussieht und mehr Verwirrung als Sinn stiftet. Es hätte nicht so weit kommen müssen. Der Hundehalter Ibrahim K. war polizeilich bekannt. Auch sein Hund „Zeus", den sie „König von Hamburg" nannten, ein Star in der Kampfhundszene. „Zeus" kämpfte für Geld und für die „Ehre von Wilhelmsburg". Am späten Vormittag des 26. Juni ließ Ibrahim K. „Zeus" und „Gipsy", den Hund seiner Freundin, ohne Leine laufen. Es war Pause in der Buddeschule, und Volkan spielte Fußball. „Gipsy" sprang über die Mauer, „Zeus" folgte. Volkan Kaya wurde sechs Jahre alt.

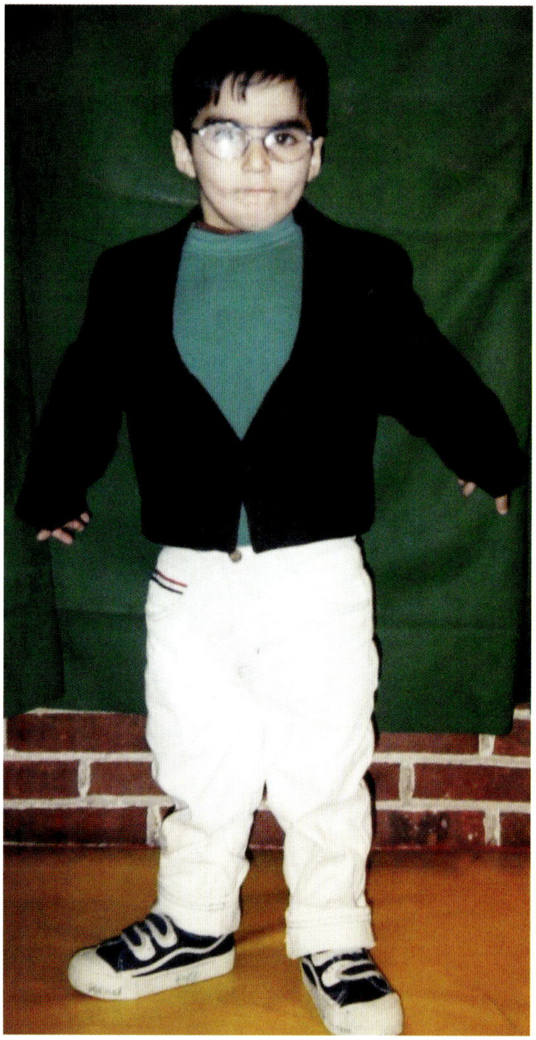

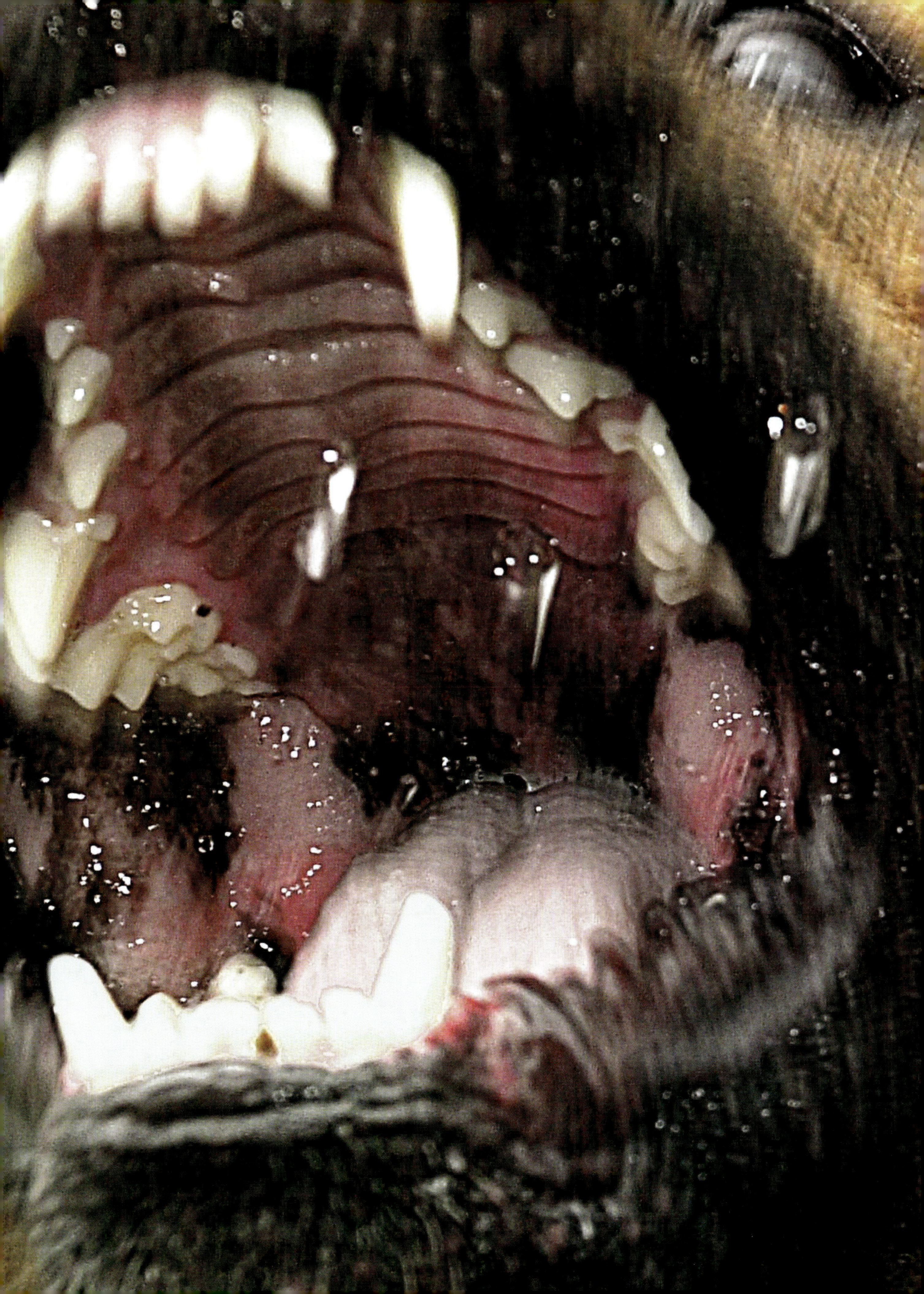

## In Reih und Glied

Klar, wer den bunten Rock trägt, muss alles in Formation machen. Die Herren gehören zur 300 Mann starken Ehrengarde der Stadt Köln und damit zum Stoßtrupp des rheinischen Karnevals. In der Garde schunkelt und schluckt der Mittelstand: Metzgermeister, Handwerker, Rechtsanwälte. Um dabei sein zu dürfen, muss jeder 350 Mark pro Session „latzen" – mindestens. Dafür sind sie rund drei Monate permanent auf feucht-fröhlicher Achse. Ohne Ehefrauen und Freundinnen, dafür mit einem hübschen Mariechen. Sachspenden wie Bier und Frikadellen steuern Unternehmer bei, Bares wird auf so genannten Melksitzungen gesammelt, im Jahr rund 180 000 Mark.

# Von Aktienkultur und Börsewichtern

**Von Frank Donovitz**

Deutschland hat jetzt eine Aktienkultur. Nicht weil die Kurse zum Jahresanfang in astronomische Höhen schossen, nicht weil die mächtigen Lobbyisten der Finanzbranche diese Kultur herbeizuschreien suchten. Und auch nicht weil die Verbraucher mittlerweile in einer Flut von Anleger-Magazinen und Börseninformationen im Internet fast ertrinken. Nein. Aktienkultur ist im Jahr 2000 entstanden, weil die Kurse seit April nahezu kontinuierlich sanken. Wie das? Erstens: Trotz des Sinkfluges bei den lange besonders euphorisch gefeierten Technologieaktien ist kein nachhaltiger Rückzug der deutschen Privatanleger von der Börse zu verzeichnen. Ende des Millenniums legten die Bundesbürger mehr als zwölf Prozent ihres Geldes in Aktien oder Aktienfonds an. Zweitens: Das Thema Börse und private Finanzen hat den Sprung aus der Eingeweihten-Nische in die erste Reihe geschafft. Gediente Wirtschaftsjournalisten erklären jetzt allabendlich das Börsengeschehen im Fernsehen. Börsenthemen schaffen es auch schon mal auf die Titelseite der „Bild"-Zeitung. Börse ist ein Thema an den Stamm- und Kantinentischen geworden, unabhängig davon, ob die Kurse steigen oder fallen. Beinahe schon Kult.

Dabei ist manche Internetfirma fast nichts mehr wert, manche von deren Vorständen haben Banken und Anleger belogen und sogar betrogen. Das in diesen Aktien angelegte Geld ist einfach weg. So verschwand an nur einem Tag an der US-Technologiebörse Nasdaq, die im Jahr 2000 beinahe den Dow-Jones-Index als Weltleitbörsenbarometer abgelöst hätte, die unglaubliche Summe von einer Billion Mark. Ein Börsen-Crash auf Raten.

Von Vertrauenskrise in der Finanzwelt und Kungelei unter Analysten, Fondsmanagern, Beratern war die Rede. Daher werden die Verbraucher nun gewiss genauer hinschauen, wer was zum Thema Börse und Geldanlage sagt. Auch weil jetzt sogar etablierte Firmen im öffentlichen Kreuzfeuer stehen – siehe Mannesmann oder Daimler-Chrysler. Deren Geschäftspolitik hätte bis vor wenigen Jahren so gut wie keinen Menschen in Deutschland interessiert. Heute wie in Zukunft umso mehr. Zumal Aktien und Fonds wohl doch etwas mit der Lösung des Rentenproblems der Deutschen zu tun haben könnten, nichts jedoch mit „Monopoly"-Spielen – auch eine 2000er-Erkenntnis. Und zwar eine gute.

***stern*-Karikaturist Haderer: November-Depression am Neuen Markt**

## Auftrieb vor der Börse

Mit 150 Plastik-Bullen feierte die Deutsche Post am 20. November in Frankfurt den Börsenstart ihrer „Aktie Gelb". Die Rindviecher – Wahrzeichen für steigende Kurse – brachten den Postillionen Glück. 320 Millionen Aktien wurden verkauft, der Bund als Besitzer der Post freute sich über Einnahmen von fast 13 Milliarden Mark. Gewaltig war auch der Werbeaufwand für den größten Börsengang des Jahres 2000: Mehr als 100 Millionen Mark hatte die Briefträgertruppe aufgeboten, um ihre Aktien an den Anleger zu bringen. Neben den Gottschalk-Brüdern Thomas und Christoph gab Rennfahrer Heinz-Harald Frentzen Gas für die Post-Aktie.

AKTIE GELB

# Alfa für Romeos

Schnöde kaufen kann man auch bei der Konkurrenz. In diesen schicken Italiener soll sich vorwiegend junge Kundschaft verlieben. Darauf hoffen jedenfalls die Schöpfer des neuen Alfa 147.

Mit anderen Worten: Der Wagen soll eine Beziehungskiste werden. Gut möglich, dass dies gelingt. Denn die aufregenden Formen zielen voll auf den Bauch, Kribbeln gibt's sozusagen serienmäßig. Vor allem Singles und Paare, die mehr auf Design als auf viel Platz stehen, hat Alfa im Sinn. Vielleicht hilft's, dass der Kompaktflitzer im November zum „Auto des Jahres 2001" gewählt worden ist.

# Trucker an die Front

Im Spätsommer gingen die Preise für Benzin und Diesel durch die Decke – und Europas Lkw-Fahrern die Nerven durch. Wie hier an der deutsch-belgischen Grenze blockierten sie Autobahnen, Tanklager, Raffinerien, um die Politik unter Druck zu setzen. Dabei lagen die Gründe für den teuren Sprit anderswo: Der Rohölpreis hatte seit Anfang 1999 um 250 Prozent und der Dollar, in dem Öl abgerechnet wird, gegenüber dem Euro um mehr als ein Drittel zugelegt. Doch es half nichts: Die Sympathiewerte der Regierungen sackten. Kanzler Schröder immerhin gab diesmal nicht den Populisten: Es bleibt bei der Ökosteuer, und wenn sie die autosüchtigen Deutschen noch so aufregt.

JL.ERNST
BELGIUM
JEAN-LUC
VOLVO
420
FH12
VOLVO
VOLVO
Globetrott
TRANSPOR
TIR
VOLVO
FH12

# Manche mögen's internett

Es gibt nichts, was es im Internet nicht gibt: Auch die junge Frau, die von zu Hause aus ihre „heißen Live-Bilder" an Online-Surfer verkauft, zählt zu den fast 20 Millionen Deutschen, die in diesem Jahr in der digitalen Datenwelt umherstreifen. Doch Sex ist beileibe nicht die Hauptsache: Spitzenreiter der Online-Nutzungen ist immer noch die E-Mail – zehn Milliarden elektronische Botschaften werden Ende 2000 pro Tag um den Globus geschickt. Der Alltag hängt im Internet.

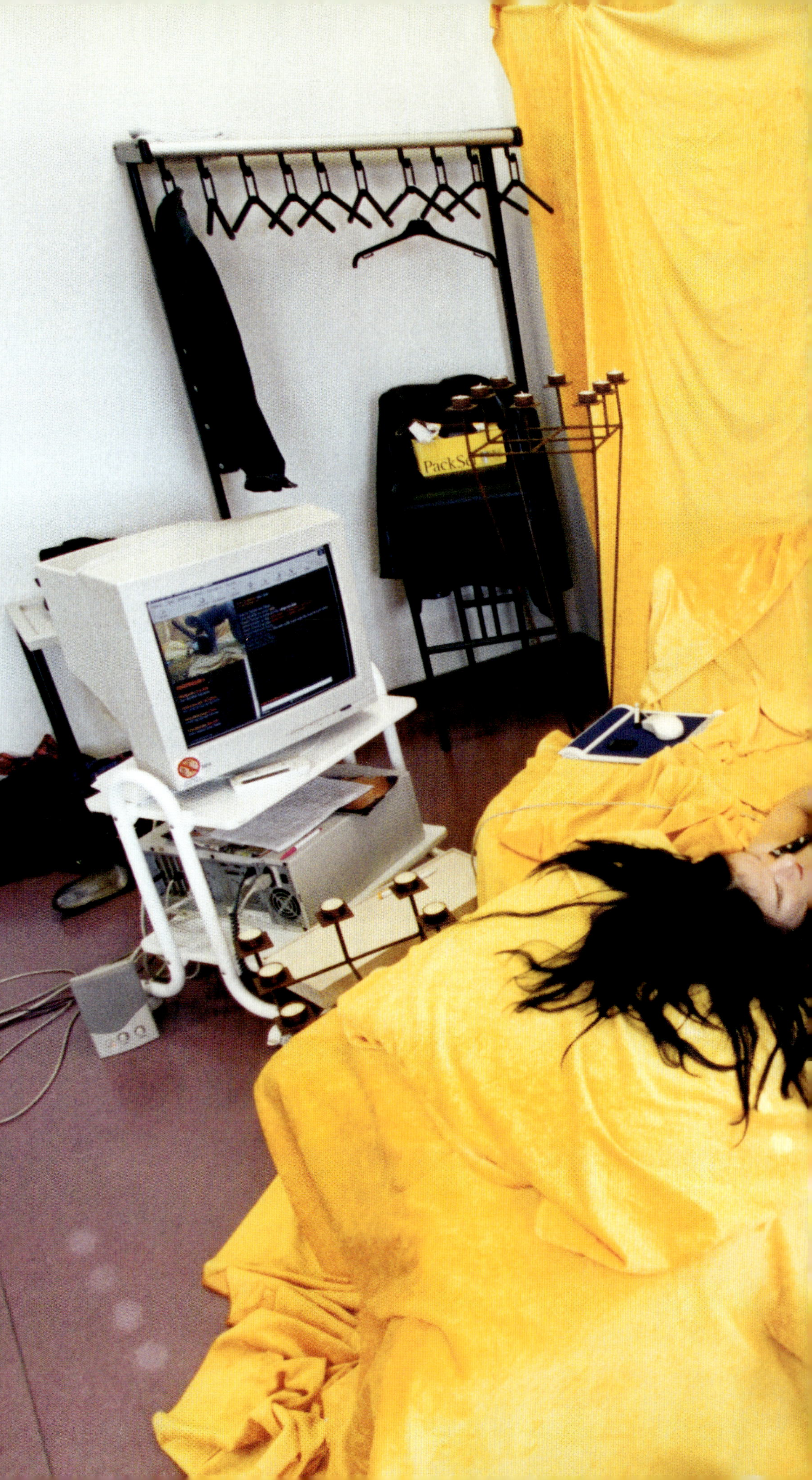

# Hochwasser Im Jahr, als der Regen kam

**Von Tilman Müller**

Jahrhundertflut in Mosambik, verheerende Überschwemmungen am Mekong, in Australien stand im November ein Gebiet von der Größe halb Deutschlands unter Wasser. Doch nicht nur in der Ferne, auch in Europa gab es dieses Jahr Rekordniederschläge. Im englischen York erreichte der Fluss Ouse den höchsten Stand seit 1625. An Frankreichs Atlantikküste verwüstete eine Sturmflut viele Küstenorte. In der Schweiz und in der italienischen Po-Ebene forderten Unwetter 38 Tote. Schweden versank im Dauerregen, Ende November, wo normalerweise längst Frost herrscht. Die vielen Hochwasserkatastrophen sind Folge der globalen Klimaerwärmung. Seit 1900 stiegen die durchschnittlichen Temperaturen um 0,6 Grad Celsius, vor allem geschah dies in den vergangenen Jahrzehnten aufgrund ungehemmter Kohlendioxidemissionen. Durch den Wärmeanstieg kommt es zu vermehrter Schnee- und Gletscherschmelze, außerdem verdunstet vor allem in Äquatornähe mehr Wasser, was insgesamt zu immer extremeren Regengüssen führt, insbesondere auch in Mittel- und Nordeuropa. Andererseits hinterlässt die zunehmende Verdunstung ausgetrocknete Böden, meist dort, wo ohnehin bereits Wasserarmut herrscht.

Unvorstellbare Mengen fruchtbaren Bodens verliert die Erde jährlich, die Wüsten dehnen sich unaufhaltsam aus. Trockene Gebiete werden immer trockener, feuchte Regionen noch feuchter – so lautet die düstere Prognose der Wetterforscher. Falls der Ausstoß der Treibhausgase nicht drastisch gesenkt wird, ist neuesten Studien zufolge in den nächsten hundert Jahren ein Temperaturanstieg von 1,5 bis 6 Grad und eine Zunahme der Niederschläge um 2 bis 7 Prozent zu erwarten. Bis zu 80 Zentimeter könnte der Meeresspiegel in diesem Zeitraum steigen. Schon ab zwei Grad Erwärmung muss mit starken Nahrungsmittelengpässen gerechnet werden. „Die tropischen Länder“, sagt Hans-Joachim Schellnhuber vom Potsdamer Institut für Klimaforschung, „werden die Verlierer sein, insbesondere Schwarzafrika, Südostasien, Indien sowie Latein- und Mittelamerika.“ Und Europa muss sich womöglich auf einen verstärkten Zustrom von hungernden „Wetterflüchtlingen“ gefasst machen. Langfristig scheint das beste Rezept gegen extreme Unwetter ein möglichst schneller Ausbau solarthermischer Großkraftwerke zu sein. In Japan indes bereitet man sich schon mal auf die unmittelbar nächste Flut vor: Um besonders wertvolle Industrieanlagen und Wohngegenden zu schützen, hat man in mehreren Regionen bereits 300 Meter breite Super-Deiche gebaut.

**Tod in der Rhône: Im Schweizer Wallis ertrank eine Frau in den Fluten**

## Doch noch gerettet

Eine südafrikanische Hubschrauber-Staffel bei der Bergung von Flutopfern in Mosambik. Eine ganze Familie ist vor dem Hochwasser am Limpopo-Fluss, 200 Kilometer nördlich der Hauptstadt Maputo, mit Hab und Gut auf das Dach ihrer Hütte geflüchtet. Von dort wird einer nach dem anderen nach oben gezogen. Die Katastrophe, die das arme afrikanische Land Anfang März verwüstete, fand zunächst nur geringe Anteilnahme im Ausland. Doch vor allem dank der Hilfsorganisation „Ärzte ohne Grenzen" gelang es in den Wochen darauf, Seuchen einzudämmen, Kranke zu versorgen und verschmutzte Brunnen zu desinfizieren.

The Me
FISH & CHIPS
TAKE AWAY
NATIONAL FEDERATION
OF FISH FRYERS

## Fische in der Bar

Hüfthoch steht das Wasser in einem Fischladen von Bewdley im Südwesten Englands. 200 Häuser und Geschäfte wurden in dem Ort überflutet, als der Fluss Severn Anfang November über die Ufer trat. Es war das schlimmste Hochwasser in Großbritannien seit mehr als 50 Jahren. Premierminister Tony Blair kam höchstpersönlich in Regenmantel und Gummistiefeln nach Bewdley, um sich ein Bild von der Katastrophe zu machen. Viele Menschen mussten aus ihren Häusern evakuiert werden. In der Stadt Dover forderte man die Haushalte sogar auf, ihr Trinkwasser abzukochen, das durch die Überschwemmungen verunreinigt war.

# Auf dem Weg nach Hause

In Kalyani, 70 Kilometer von Kalkutta entfernt: Mit ein paar Habseligkeiten auf Kopf und Schultern watet ein Mann auf einer überfluteten Straße nach Hause zu seiner Familie. Mehr als 450 Tote forderte das von Regenmassen ausgelöste Hochwasser zum Ende der Monsunzeit in weiten Teilen Ost-Indiens. Hilfsmannschaften waren kaum in der Lage, in die entlegenen Regionen vorzudringen. Und Hubschrauber der Luftwaffe konnten in den betroffenen Gebieten keine Lebensmittel abwerfen, da die untergegangen wären.

## Steindonner im Wallis

Das von Schutt bedeckte Schweizer Bergdorf Gondo im Kanton Wallis nach dem verheerenden Erdrutsch vom 15. Oktober. Eine 50 Meter breite Lawine aus Schlamm und Geröll hatte in dem 150-Einwohner-Ort acht Häuser niedergewalzt und 13 Menschen in den Tod gerissen. Das Desaster in dem schon seit Jahrhunderten am Steilhang liegenden Alpendorf kam vermutlich durch einen so genannten Murengang zustande. Dabei lösen sich unterirdische Gesteinsmassen aus dem vom Regen aufgeweichten Boden und donnern mit Geschwindigkeiten von bis zu 20 Metern pro Sekunde ins Tal.

## Ein Seil für alle Fälle

In Abilene im amerikanischen Bundesstaat Texas. Ein Mann hat einer Autofahrerin, die in die überflutete Unterführung eines Highways hineingeraten ist, ein Seil zugeworfen – nun warten die beiden auf den Rettungswagen. Zwei Gewitterfronten hatten sich am 17. Oktober von Süden und Westen her über der Stadt zusammengebraut. Im Verlauf des orkanartigen Unwetters kam es überall in Abilene zu wüsten Hagel- und Regenfällen.

COWBOYS

# Kultur Genug geplaudert

Von Anja Lösel

Zuerst jede Menge Staub aufwirbeln, dann einfach den Hut nehmen und abhauen – solche Politiker mögen wir! Lafontaine war so einer. Und nun auch noch Michael Naumann, der Kulturstaatsminister. Dabei hatte doch alles so gut ausgesehen, als der Kanzler ihn vor zwei Jahren rief und eigens für ihn ein ganz neues Amt erfand. Jeder hielt es für ein wunderbares Signal der neuen Regierung, dass endlich einer im Kanzleramt für die Kultur da sein sollte. Noch dazu ein so smarter, charmanter, eloquenter Typ. Am Anfang ging auch alles gut. Naumann zeigte sich bei Filmpartys und Kunstpreisverleihungen, sprach hier ein paar schlaue Worte und ließ dort ein Bonmot fallen. Doch im Lauf der Zeit wurde immer deutlicher: Da ist einer, der zwar gern und gut übers Proseccoglas hinweg plaudert, sonst aber seine Energie vor allem darauf verwendet, mehr zu scheinen, als zu sein. Günter Gaus, Politiker und selbst mal im Kanzleramt als Staatsminister beschäftigt, bezeichnete Naumann als „ersten virtuellen Politiker Deutschlands", weil er nur „vorgetäuschte Wirklichkeit" biete. Zwar konnte Naumann bald einige Erfolge vorweisen: den gewonnenen Kampf für die Buchpreisbindung, die Rückführung von Beutekunst, die Entscheidung für das Holocaust-Mahnmal des Architekten Peter Eisenman.

Aber er hatte dennoch mehr Feinde als Freunde in der Republik. Richtig problematisch wurde es, als er beschloss, nur noch so genannte „Leuchttürme der Kultur" wie das Jüdische Museum in Berlin zu fördern, für den weniger attraktiven Rest jedoch keine Bundesgelder mehr rauszurücken. „Zentralismus", schimpften die Kultusminister der Länder, allen voran der Bayer Hans Zehetmair. Naumann blaffte zurück: Die Kulturhoheit der Länder sei „Verfassungsfolklore". Zehetmair erklärte Naumann zum nationalistischen Kulturprotz und beschwerte sich über Streichungspläne bei den Bayreuther Festspielen, dem Deutschen Museum und den Bamberger Symphonikern. Naumann, so der bayerische Kultusminister, sei wohl nur „für das Blattgold an der Berliner Pickelhaube zuständig". Und schon war er wieder aufgeflackert, der alte Bayern-Preußen-Streit. Naumann konterte und ließ, halb amüsiert, halb beleidigt, irgendwas von einem „Seufzer hinter bayerischen Butzenscheiben" los, den er da aus München vernehme. So hätte es ewig weitergehen können. Aber irgendwann hatte Naumann, der Ex-Journalist und Ex-Verleger, keine Lust mehr und schmiss die Akten hin.

Jetzt ist er auch noch Ex-Kulturstaatsminister und dazu Wieder-Journalist. Auf seinem Platz im Kanzleramt sitzt ab Januar ein Neuer: Julian Nida-Rümelin, Philosoph und Schöngeist. Und pikanterweise ein Münchner.

**Kulturstaatsminister Naumann – kurz bevor er seinen Hut nahm**

## Na schön, soll sein

Kunst? Biokitsch? Oder gar ein Machwerk in Blut-und-Boden-Tradition? Hans Haackes Pflanztrog mit der Leuchtschrift „Der Bevölkerung" verursachte so viel Wirbel wie kaum ein anderes Kunstwerk in Deutschland. Sogar im Bundestag stimmte man darüber ab. Und beschloss mit knapper Mehrheit, dass das Ding im Reichstag stehen darf und jeder Parlamentarier – wie vom Künstler gewünscht – einen Kübel Heimaterde in den Behälter kippen soll. Unkraut und Würmer inklusive.

ÖLKERUNG

# Bärige Zeiten für Berlin

Zehntausend bunte Plastikteddys ließ der Nürnberger Kunstprofessor Ottmar Hörl Unter den Linden aufmarschieren, gleich hinter dem Brandenburger Tor. Kunst fürs Volk: Die Berliner liebten die Bären so sehr, dass sie heimlich einige hundert mitnahmen. Zum Glück sind immer noch genug da, um demnächst auf den Champs-Elysées in Paris und in Hongkong Parade zu stehen.

## Haupt voll Blut und Wunden

Eine maßgefertigte Dornenkrone und Filmfarbe verwandeln Anton Burkhart zum Jesus. In der weltberühmten Oberammergauer Passion spielte der 30-Jährige abwechselnd mit Martin Norz die Hauptrolle. Als 1633 die Pest in Bayern wütete, gelobte die Voralpen-Gemeinde, alle zehn Jahre das „Spiel von Tod und Leben" aufzuführen, wenn sie verschont bliebe. Es klappte, und die Passion wurde dieses Jahr zum 40. Mal auf die Bühne gebracht. Nach der letzten der 110 ausverkauften Vorstellungen am 8. Oktober hatte Diplom-Forstwirt Burkhart 42 000 Mark verdient. Fast so wichtig war für ihn und die 1854 mitwirkenden Dorfbewohner etwas anderes: schnell zum Friseur. 600 Tage lang, seit dem 17. Februar 1999, hatten sie sich die Haare nicht kurz schneiden lassen dürfen.

## Grausiges Spielzeug

Zerstückelte Körper, blutige Gliedmaßen, genmanipulierte Monster, Nazi-Schergen, Gehenkte, Vergewaltigte, Missbrauchte – die Kunst der englischen Brüder Jake und Dinos Chapman ist wild, makaber und immer für einen Skandal gut. In der Londoner Royal Academy zeigten sie ein achteinhalb Meter hohes Hakenkreuz, zusammengesetzt aus 5000 Plastikfigürchen, wie man sie für Modelleisenbahnen kaufen kann. Vorbild: Francisco de Goyas „Schrecken des Krieges".

## Küken und oller Gockel

Er sang von der „Sex Bomb" und könnte ihr Großvater sein. Sie sang „Oops, … I Did It Again" und beteuerte, nicht zu wissen, was er meint – Tom Jones und Britney Spears. Selten waren die Generationen, die in der Pop-Musik herrschten, so weit auseinander wie in diesem Jahr. Und während der 60-jährige Jones sich mit dem Altern viel Zeit lässt, kann es dem Teenie-Weltstar nicht schnell genug gehen. Kaum volljährig und im Schwur, noch nie ein Bier getrunken zu haben, wurde Küken Britney, als sie durch Deutschland tourte, im Leipziger Nachtleben mit einem Cocktailglas in der Hand erwischt. Doch das verziehen die Millionen Mädchen-Fans ebenso großherzig wie den Spears-Versuch, auf ihrem Album den Stones-Klassiker „Satisfaction" nachzusingen. Oops… hoffentlich nie again.

## Der Zauber mit Harry

Sieger des Jahres bei den Kids ist der Zauberlehrling Harry Potter. Mit dem Romanhelden aus bisher vier erschienenen Bänden führte die schottische Autorin Joanne Kathleen Rowling in Zeiten von Playstation 2 und den Nintendo-Monstern Pokémon weltweit über 35 Millionen Mal Kinder und solche, die es geblieben sind, zum Buch zurück. Zum Erscheinen des vierten Bandes im Herbst zelebrierten junge Fans in Deutschland sogar einen literarischen Karneval: In Potter-Verkleidungen harrten Tausende im Morgengrauen auf die Auslieferung des neuen Abenteuers ihres ganz und gar unelektronischen Helden. Mit einem geschätzten Vermögen von 50 Millionen Mark wurde Rowling zur drittreichsten Frau Großbritanniens.

# Wagners wilde Walküren

Beim ersten neuen „Ring" des Jahrtausends lässt Regisseur Jürgen Flimm die Walküren wie Soldatinnen einer Eliteeinheit über die Bühne des Bayreuther Festspielhauses fliegen. In diesem Jahr wird Richard Wagners Drama um Gier und Macht hier gleich doppelt aufgeführt. Denn hinter den Kulissen tobt ein erbitterter Krieg um die Nachfolge des halsstarrigen Patriarchen Wolfgang Wagner – Götterdämmerung auf dem Grünen Hügel.

# Jenny immer gut drauf

Mit gespreizten Fingern deutet Jenny Elvers an, wie viel Wissenswertes es über sie zu sagen gibt – Blondine verlässt Schauspieler Lauterbach, um mit „Big Brother"-Bruder Alex Jolig ein Kind zu zeugen, dessen Heranwachsen und Geburt von „Bild" und Fernsehsendern fortan genauso öffentlich begleitet werden wie der Toilettengang der Gelegenheitsschauspielerin. Einzig lustig war Elvers`Erkenntnis: „Deutschland steht hinter meiner Schwangerschaft."

# Ein Bild von einem Mann

Zwanzig Pfund hatte der Foto-Künstler Wolfgang Tillmans bei den Londoner Buchmachern gesetzt – auf seinen eigenen Sieg. Und er gewann. Als erstem Deutschen wurde ihm der mit 20 000 Pfund dotierte Turner Prize zugesprochen, der bedeutendste, den die Kunstszene zu vergeben hat. Die Briten sind nun ein bisschen verschnupft. Denn der schüchterne junge Mann aus Remscheid, der seit 1992 in London lebt, macht unter anderem Nacktbilder wie „Like Praying" und gewagte Fotos von Männern, die urinieren und masturbieren. Wer genau hinsieht, wird allerdings auch Schönheit in seinen Bildern entdecken. Selbst einem Blick in den Küchenschrank oder ein paar Alltagsgegenständen auf dem Fensterbrett ringt er Poesie ab.

# Einst nur der Depp

**Mit einer Thalasso-Kur in Biarritz und ausgiebigen Strandwanderungen wappnete sich Mario Adorf für die Anforderungen des Jahres 2000: monatelange Dreharbeiten zu Dieter Wedels TV-Mehrteiler „Affäre Semmeling", eine Deutschland-Tournee mit seiner One-Man-Show „Ciao" und sein siebzigster Geburtstag. Zwar entzog sich der Festmuffel den Großfeierlichkeiten und köpfte den Champagner lieber im kleinen Kreis mit Freunden, den Gratulations- und Würdigungs-Interviews konnte er aber nicht entkommen. Zufrieden zog da der Schauspieler Resümee: „Ich habe mir den Respekt über lange Zeit erspielen müssen. Viele Jahre war ich der Chargenspieler, der Gegenspieler des Helden. Ich war der Böse oder der mal komische, mal traurige Depp." Nun ist der Charakterkopf einer der letzten großen Helden des deutschen Films.**

# Bei den Deutschen peept's

Am 9. April 2000 verändert sich die deutsche Fernsehlandschaft. Der Industriemechaniker Zlatko Trpkovski verlässt das „Big Brother"-Haus in Köln-Hürth, von den RTL-2-Zuschauern per Telefonabstimmung seines Amtes als lustigster Depp der Fernsehnation enthoben. Vor der Tür erwarten ihn zehntausend Fans – die Show hat ihren ersten Star, Container-Camping hat sich trotz aller Kritik als Fernsehformat etabliert. Bis zu fünf Millionen Zuschauer sehen den zehn

Bewohnern bei ihrem Alltagsleben zu – ein Sozialporno, aber bessere Quoten hatte der Sender noch nie. Stars wie Verona Feldbusch und Politiker wie Guido Westerwelle nutzen die Show zur Selbstdarstellung, und nur wenige Wochen nach der ersten Staffel mit Zlatko, Jürgen und Manu startet schon die zweite Runde. Diesmal heißen die Container-Stars Christian, Ebru und Harry, aber das Schema bleibt und der Quoten-Erfolg auch. Das wahre Leben? Die Ware Leben. Erfinder von „Big Brother" ist der Niederländer John de Mol, der mit seiner Produktionsfirma Endemol gleich noch einen Zuschauer-Hit landet: Die RTL-Show „Wer wird Millionär?", moderiert von Günther Jauch, sehen bis zu zwölf Millionen Menschen. John de Mol kann sich als großer Quoten-Sieger des Fernsehjahres feiern lassen.

HILFIGER

# EXPO Aber schön war es doch

Von Wolfgang Metzner

„Moments of Glory" versprach die Hymne der Rockband Scorpions, als die Expo 2000 nach einer Gala am 1. Juni in Hannover ihre Tore öffnete. Die erste Weltausstellung auf deutschem Boden. Die größte aller Zeiten, mit 173 Nationen und internationalen Organisationen. Der ganze Globus auf einem Gelände von 170 Hektar. Doch während die Welt erwartungsvoll nach Deutschland blickte, kam dort keine rechte Stimmung auf. Im Gegenteil: Flop und Fiasko waren in den Medien die Stichworte für das Mega-Ereignis, als die vorausgeschätzten Besucherzahlen nicht erreicht wurden. Die Menschen, die dennoch anreisten, ließen sich ihre Laune nicht verderben. Die meisten bereuten den Schaulauf durch fünf Kontinente nicht. Witzig schon die Architektur mancher Nationen-Pavillons: Die Holländer packten mehrere Landschaften zu einem Sandwich übereinander, die Schweizer schichteten rohes Holz zu duftenden Stapeln. Estland ließ auf seinem Dach einen künstlichen Fichtenwald wogen. Heiter und verspielt auch der finnische Pavillon, in dem eine bunte Handy-Welt neben einem Original-Birkenwald zu sehen war.

Zum großen Renner wurde der futuristische „Planet m", dessen „Space Lift" die Besucher in eine Bilder-Show über die Geschichte der Medien und in einen Märchen-Film über das Internet hob. Lange Schlangen auch vor dem „Cyclebowl", in dem ein künstlicher Tornado zwischen Tropenpflanzen wirbelte, vor dem „Planet of Vision" und der Ausstellung „Das 21. Jahrhundert", wo die virtuelle Journalistin Lisa zu einer Zeitreise in vier Metropolen der Zukunft einlud. Sicher: Ein alles überragendes Wahrzeichen wie der Pariser Eiffelturm fehlte dieser

Weltausstellung. Aber sie setzte von vornherein mehr auf Denkanstöße wie den Themenpark, wo Visionen von Mobilität oder Zukunft der Arbeit präsentiert wurden. Zum Gesamtkunstwerk wurde die Expo durch den Mix von faszinierenden Computeranimationen mit wirklicher Exotik, im nepalesischen Tempel etwa, einem Wunder der Schnitzkunst. Bilanz nach 153 Tagen: nicht 40 Millionen Besucher wie vorausgesagt, sondern 18,1 Millionen – die aber zum großen Teil begeistert. Der Streit um katastrophale Marketing-Fehler unter Expo-Chefin Birgit Breuel und das Defizit von 2,4 Milliarden Mark wird noch lange anhalten. Beim Schluss-Akkord am 31. Oktober sprach Bundestagspräsident Wolfgang Thierse von „vertrauter deutscher Miesepetrigkeit". Der Präsident des internationalen Weltausstellungsbüros, Gilles Noghes, beglückwünschte die Deutschen zu dem „großartigen Fest".

**Heimliches Wahrzeichen und Besucherhit: der farbenfrohe „Planet m"**

## Schaulauf der klugen Maschinen

Wie riesige blaue Blasen sahen die Roboter aus, die bei der Expo im Themenpark „Wissen" die Besucher in Schwärmen umkurvten. Geräuschlos und sanft schoben sie sich durch das Halbdunkel und wichen jeder Kollision aus. Die Kapseln, auf deren Oberfläche Bilder und Schriften aus der Info-Gesellschaft gezeigt wurden, sollten Sinnbild einer interaktiven Welt sein, in der alle Informationen vernetzt sind. Faszinierend für die Besucher: die Magie der Technik und der Bilder, die eine Ahnung von der Welt des 21. Jahrhunderts aufkommen lässt.

## Spektakel aus Feuer und Wasser

Täglicher Schlusspunkt der Expo: Wenn es dunkel wurde bei der Weltausstellung, schossen Laserstrahlen und Raketen in den Himmel. Arien und apokalyptische Donnerschläge ertönten, und auf gigantische Wasservorhänge aus den Seitenarmen von Kränen wurden Bilder und Figuren projiziert. „Flambée – Human Facets" hieß die einzigartige Show voller Spezialeffekte, die an jedem Expo-Abend rund 13 000 Zuschauer auf eine Zeitreise von der Schöpfungsgeschichte bis zur Roboter-Zukunft mitnahm.

## Ein Prinz schaut vorbei

Es geschah am helllichten Tag: Ernst August von Hannover urinierte unter Aufsicht seines Leibwächters am türkischen Pavillon der Expo. So sahen es jedenfalls Zeugen – und schon hatte der Spross des 1200-jährigen Welfengeschlechts bei einer Boulevardzeitung seinen Spitznamen weg: „Prinz Pipi". Während normale Sterbliche bei der Weltausstellung in Hannover auch bei starkem Andrang normale Toiletten benutzten, fiel der Neu-Monegasse in seiner alten Heimat wieder einmal aus der Rolle und machte sein Stammland nass. Vielleicht dachte er dabei an den beeindruckenden 3-D-Film, der im Pavillon von Monaco gezeigt wurde und den Titel „Unsichtbarer Ozean" trug.

# Katastrophen Sicher ist nur die Gefahr

**Von Peter Thomsen**

Wer sich bewegt, lebt gefährlich. Verkehrsunfälle sind die zweithäufigste Todesursache in der Europäischen Union – gleich nach Krebs. In der Altersgruppe der unter 45-Jährigen ist der Verkehrsunfall sogar Todesursache Nummer eins. Fast 50000 Menschen verunglücken in der EU alljährlich zu Lande, zu Wasser und in der Luft. 90 Prozent der Unfälle passieren auf der Straße, auf der eben 88 Prozent aller Verkehrsteilnehmer unterwegs sind. Das Auto steht gar nicht so schlecht da, was die Sicherheit betrifft. In der Bundesrepublik gibt es jährlich etwa 8000 Opfer des Straßenverkehrs. Das sind weniger als 1950, obwohl wir heute 20-mal so viele Autos bewegen. Hätte der damalige Unfalltrend angehalten, müssten wir heute 185 000 Tote beklagen – jedes Jahr die Einwohnerzahl einer Stadt wie Saarbrücken. Die Technik ist besser geworden, seit Daimler im Jahr 1951 seine erste Knautschzone vorführte. Die Straßen sind sicherer geworden, seit in den sechziger Jahren die ersten Leitplanken gebaut wurden. Und die Fahrer haben auch dazugelernt. Da stimmt es hoffnungsfroh, dass die Ingenieure uns weitere Fortschritte in Aussicht stellen – elektronische Sensoren zum Beispiel, die eine Unfallgefahr schon Sekunden vorher erkennen und selbstständig Gegenmaßnahmen einleiten.

Jedenfalls ist das Auto nicht schlechter als das Flugzeug. Die Fluggesellschaften, die stereotyp das Gegenteil verkünden, hüten ein kleines, schmutziges Geheimnis: Ihre traumhafte Unfallstatistik kommt durch einen Rechentrick zustande. Sie zählen ihre Toten pro geflogene Kilometer. Da Jets in kurzer Zeit immens viele Kilometer zurücklegen, erscheint das Rechenresultat fast als Null-Risiko. Intern rechnen die Airlines ganz anders: Da geht es um die Toten pro Reise, nicht pro Kilometer. Und dann ist das Flugzeug plötzlich da, wo der Zeitungsleser es schon immer vermutete – an der Spitze der Todesskala: mit 55 Toten pro 100 Millionen Reisen. Das Auto bringt es auf gleicher Basis „nur" auf 4,5 Tote und die Bahn auf 2,7. Niemand ahnte, dass in dieser Leichenstatistik eines Tages sogar eine „Standseilbahn" auftauchen würde, eine Bahn, die an einem Stahlseil den Berg hochgezogen wird. Da sie weder eigenen Antrieb noch brennbaren Treibstoff an Bord hat und sicher auf Schienen geführt wird, galt ein Unfall bisher als nahezu unmöglich. Doch ausgerechnet eine solche Bergbahn verunglückte nun in besonders grausiger Weise. Beim österreichischen Wintersportort Kaprun fing ein Zug Feuer. 155 Sportler auf dem Weg zum Kitzsteinhorn waren im Tunnel gefangen und verbrannten.

**Das ausgeglühte Wrack des Unglückszuges von Kaprun wird untersucht**

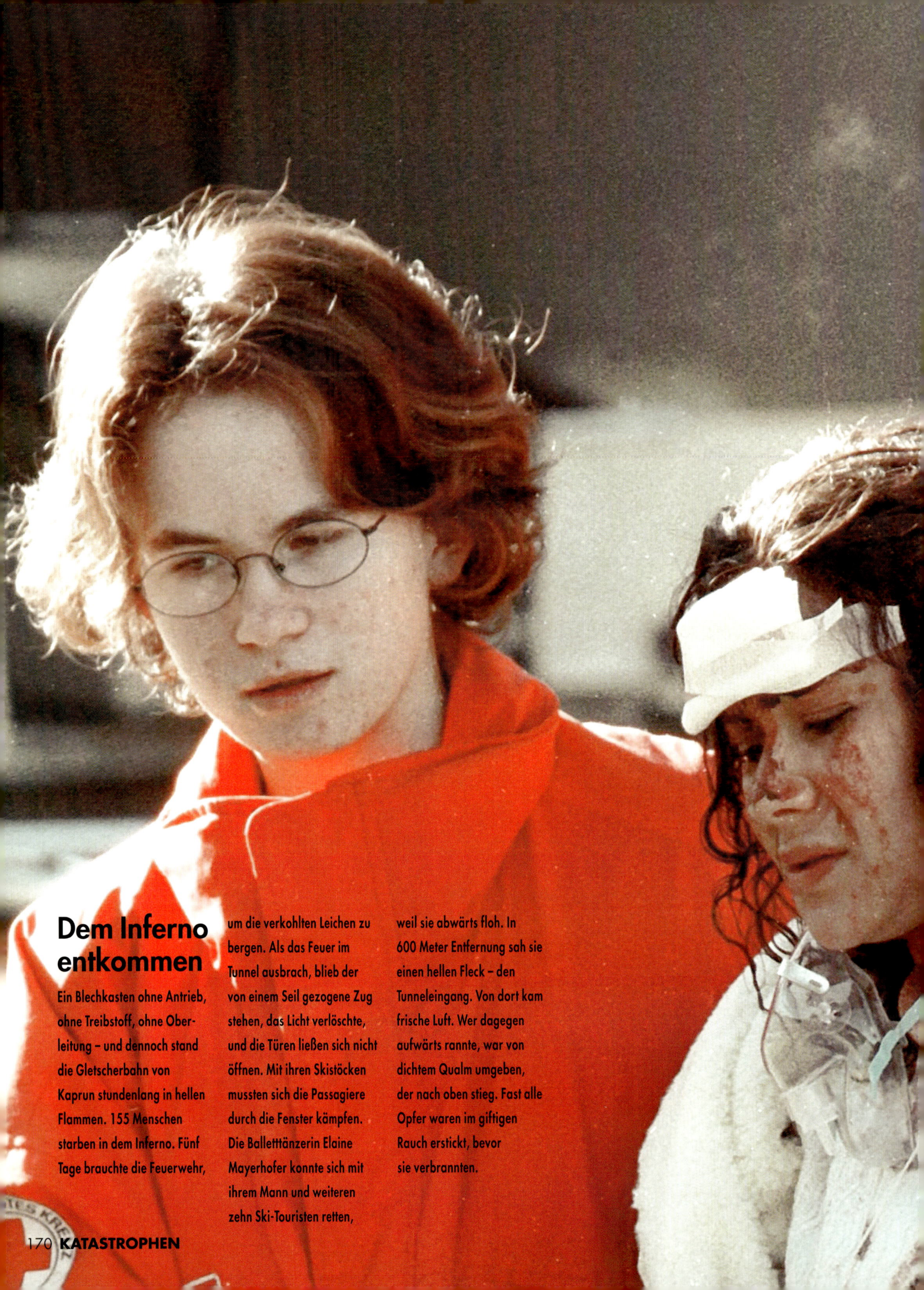

# Dem Inferno entkommen

Ein Blechkasten ohne Antrieb, ohne Treibstoff, ohne Oberleitung – und dennoch stand die Gletscherbahn von Kaprun stundenlang in hellen Flammen. 155 Menschen starben in dem Inferno. Fünf Tage brauchte die Feuerwehr, um die verkohlten Leichen zu bergen. Als das Feuer im Tunnel ausbrach, blieb der von einem Seil gezogene Zug stehen, das Licht verlöschte, und die Türen ließen sich nicht öffnen. Mit ihren Skistöcken mussten sich die Passagiere durch die Fenster kämpfen. Die Balletttänzerin Elaine Mayerhofer konnte sich mit ihrem Mann und weiteren zehn Ski-Touristen retten, weil sie abwärts floh. In 600 Meter Entfernung sah sie einen hellen Fleck – den Tunneleingang. Von dort kam frische Luft. Wer dagegen aufwärts rannte, war von dichtem Qualm umgeben, der nach oben stieg. Fast alle Opfer waren im giftigen Rauch erstickt, bevor sie verbrannten.

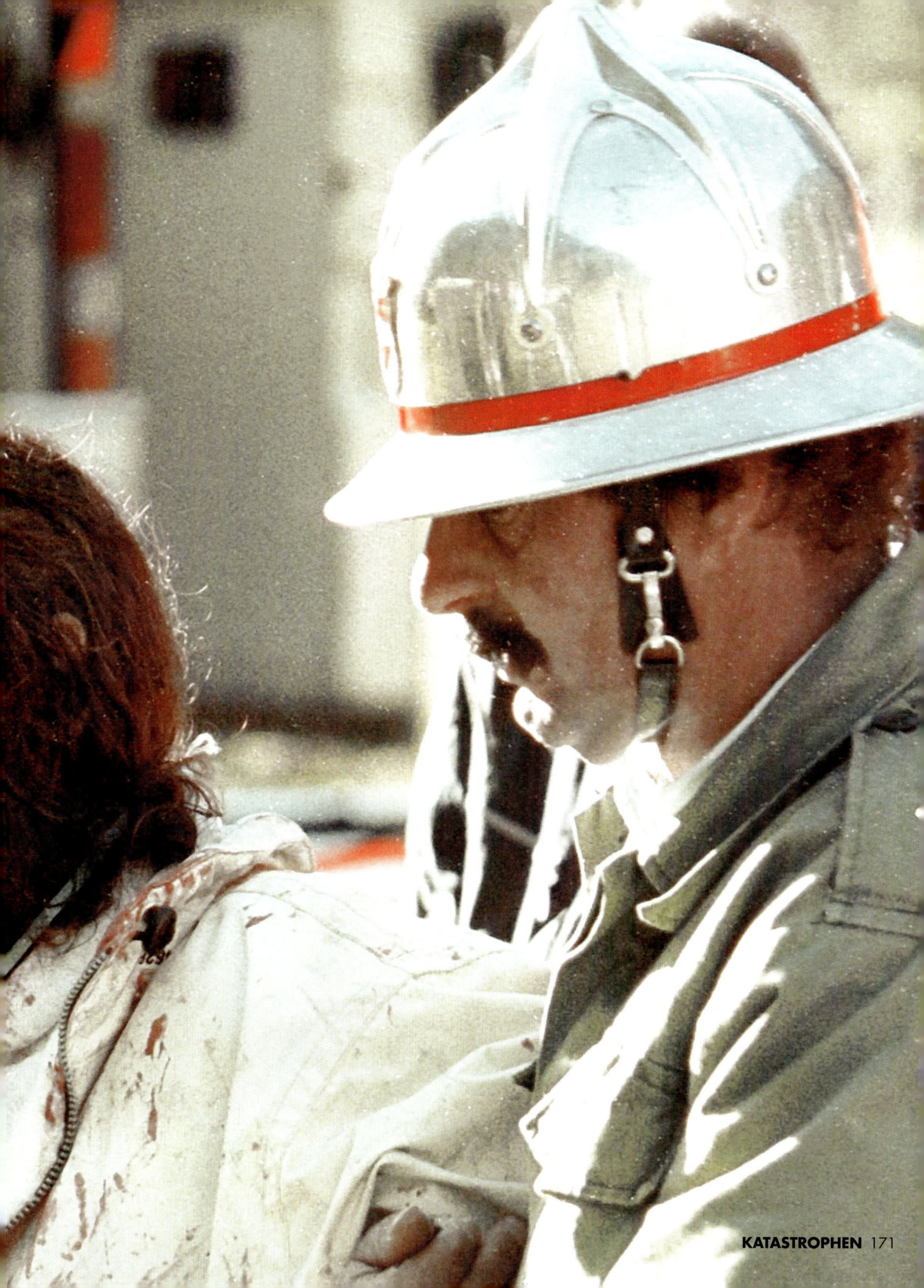

## Überschall am Ende?

Dass die Concorde ein Problem mit ihren Rädern hat, war in der Branche kein Geheimnis: Wegen ihrer extrem hohen Rollgeschwindigkeiten bei Start und Landung (bis 400 km/h) flogen immer wieder Reifen und sogar Felgen weg. Am 25. Juli kam es dann zur Katastrophe: Beim Start in Paris durchschlugen Gummiteile den Flügel, der bei Verkehrsflugzeugen zugleich als Tank dient. Kerosin floss aus und entzündete sich an einem der Nachbrenner, die beim Beschleunigen helfen. Entsetzte Zuschauer sahen, wie die einzige zivile Überschall-Maschine einen bald 100 Meter langen Feuerschweif nachzog. Die Piloten konnten das 185 Tonnen schwere Flugzeug nicht in der Luft halten, und sechs Kilometer nach dem Start zerschellte es am Boden. 114 Menschen waren tot. Eine einzige Panne darf niemals zu einem Totalverlust führen – eiserne Regel in der Verkehrsluftfahrt. So entzogen französische und britische Behörden drei Wochen nach dem Unfall allen Concordes die „Flugtüchtigkeit". Seither stehen die zwölf übrig gebliebenen Maschinen am Boden. Ob teure Änderungen an der bald 40 Jahre alten Konstruktion noch lohnen, ist die Frage.

# Urknall in Enschede

Der niederländische Fotograf Anton Groothuis saß zu Hause im 6. Stock, als es knallte. Instinktiv griff er seine Kamera und drückte ab. Damit hatte er den Urknall der großen Feuerwerksexplosion eingefangen, die im Mai in Enschede 500 Häuser zerstörte und 22 Menschen tötete. Mehr als 100 Tonnen Feuerwerkskörper flogen in die Luft. Der Schaden wird auf fast eine Milliarde Mark geschätzt. Die Ursache steht bis heute nicht fest. Nur so viel ist klar: In jedem Böller, in jeder Rakete steckt Schießpulver. Und das kann schon von einer Zigarettenkippe entzündet werden. Täglicher Umgang mit der Gefahr macht erfahrungsgemäß leichtsinnig.

LF

# Vollkreis ins Verderben

Zu hoch und zu schnell war der Jet beim Landeanflug. Was immer ein Pilot tut, um einen der beiden Fehler zu korrigieren, verschlimmert den anderen. Also leitete Flugkapitän Ihsan Shakeeb einen Vollkreis ein, um in Ruhe Fahrt und Höhe abzubauen. Doch dabei verlor er offenbar den Überblick. Als das Manöver beendet war, drehte die A320 der Gulf Air weiter und flog auf den Persischen Golf hinaus, statt in Bahrain zu landen. Auf dem Band des geborgenen Voice-Recorders ist ein Warnhorn zu hören. „Höchstgeschwindigkeit überschritten", ruft der Kopilot. Anstatt das Höhenruder zu ziehen, drückt der Kapitän es nach vorn. Das ist der sichere Weg ins Verderben. Mit 520 Kilometer pro Stunde schlägt die Maschine aufs Meer. Alle 143 Menschen an Bord sterben.

# Irrtum an der Weiche

Wegen einer Weiche im Bahnhof Brühl bremste der Lokführer auf das vorgeschriebene Tempo 40 herunter. Danach beschleunigte er wieder auf 122 km/h – zu früh: Weil im Bahnhof gebaut wurde, kam noch eine Weiche. Der D-Zug Amsterdam–Basel entgleiste. Neun Reisende starben in den Trümmern. Seit dem Unfall im Februar hat die Deutsche Bahn ein neues Thema: Wie klar sind die Geschwindigkeitsschilder neben den Gleisen?

# Falsch abgebogen

Zwei Bahnen des Tschiang-Kai-schek-Flughafens auf Taiwan liegen dicht nebeneinander. Wie üblich trägt eine Runway ein „L" und die andere ein „R" für links und rechts. Der Jumbo-Jet von Singapore Airlines sollte links starten, weil die rechte Bahn in Reparatur war. Doch der Pilot bog in Sturm und dunkler Nacht eine Ecke zu früh ab und startete auf der falschen Bahn. Der Tower bemerkte den Fehler nicht, weil an diesem 31. Oktober gerade ein Taifun über die Insel tobte. Als der Jumbo abheben wollte, krachte er gegen zwei schwere Schaufellader. Die Maschine brach auseinander, Treibstoff entzündete sich. 81 Menschen starben in den brennenden Trümmern.

# Dumm beladen

In den unter kambodschanischer Flagge fahrenden Frachter „Eurobulker-X" wurden 30 000 Tonnen Zement gefüllt, offenbar in falscher Reihenfolge. Im griechischen Hafen Lefkandi brach er in der Rumpfmitte auseinander und sank. Ein Seemann aus der Ukraine kam ums Leben. Wie meist nach einem Schiffsuntergang bahnte sich das Schweröl für den Dieselmotor, rund 300 Tonnen, den Weg ins Freie und verdreckte 15 Kilometer Strand nördlich von Athen – Ende der Badesaison.

EUROBULKER-X
PHNOM-PENH

## Sprit war alle

Am Anfang gab's eine Panne, wie sie gelegentlich vorkommt: Nach dem Start auf Kreta ließ sich das linke Fahrwerkbein der Hapag-Lloyd-Maschine nicht einfahren. Anstatt auf dem nächsten Flughafen zu landen und es reparieren zu lassen, entschloss sich der Kapitän nach Rücksprache mit seiner Firmenzentrale, den Flug bis Wien fortzusetzen. Dabei ignorierte er eine Lektion, die er als Flugschüler vor 38 Jahren gelernt hatte: Bei ausgefahrenem Fahrwerk ist der Treibstoffverbrauch doppelt so hoch wie unter Normalbedingungen. Er hätte also das Flughandbuch zurate ziehen und die verbleibende Reichweite von Hand neu berechnen müssen. Stattdessen verließ er sich auf das elektronische Flight Management System, das die Rechnung im Alltag übernimmt. Der Computer aber kennt nur den Normalverbrauch. Erst kurz vor Wien registrierte die zweiköpfige Crew, dass der Sprit rapide zu Ende ging, und erklärte einen Notfall. Wenig später blieben beide Triebwerke stehen. Nach kilometerlangem Segelflug setzte der Airbus vor der Wiener Landebahn im Gras auf, wobei das defekte Fahrwerk brach.

LB

## Kieloben im Kanal

Schwerer Sturm im Ärmelkanal. Die „Ievoli Sun", ein auf Chemikalien spezialisierter kleiner Tanker, läuft im Oktober dennoch von England aus in Richtung Biskaya. Querab der französischen Halbinsel Cotentin muss der Kapitän SOS funken. Hubschrauber bergen die 14 Mann Besatzung. Das Schiff aber ist nicht zu retten. Am Haken eines Schleppers kentert der Tanker und sinkt auf 70 Meter Tiefe. Seither warten die französischen Fischer angstvoll auf verfärbten Fang, der nach Plastik schmeckt. Die „Ievoli Sun" hatte 6000 Tonnen Chemie geladen, davon 4000 Tonnen Styrol. Auftraggeber Shell will das giftige Gebräu, das zur Herstellung von Styropor dient, im Sommer abpumpen.

# Mode Busen, Stolz – alles dran

**Von Jochen Siemens**

Es war, als ob auf den Laufstegen eine Spezies wiederentdeckt würde – die Frauen. Also nicht mehr diese blassen Fruchtzwerge. Nicht mehr stangendürr, nicht mehr stumm leidend, als ob sie Freigang beim Entzug hätten. Der so genannte Heroin-Chic hatte endlich ein Ende. Es war, als ob sich das Design wieder auf der Straße umgesehen und durch die Fenster der Ateliers der Wind der Wirklichkeit geweht hätte. Im Design hatte das auch spröde ökonomische Gründe – die neue Generation der Erfolgreichen, die Net-Millionäre und Aktien-Sieger, suchte zu ihrem neuen Selbstbewusstsein auch neue Kleider, die ungewohnte Komponenten miteinander vereinen sollten: Sex und Business. Das florentinische Haus Gucci konnte mithalten, Prada konnte einiges zuliefern, und andere, wie Versace, mussten den Kurs vom Grellen ins Gedeckte ändern. Frauen auf der Suche nach modischer Qualität fanden sich beim Klassiker Saint Laurent wieder, der ehemals britische Oldie Burberry hatte ein kurzes Comeback, und Valentino suchte bunt und edel Anschluss an den Gucci-Erfolg. Zum Leben brachten die neuen Kleider aber erst richtig die Frauen, die sie vorführten. Neue Mädchen marschierten nach vorn, die Busen und Stolz hatten und vor allem Lust am Business empfanden.

Besonders die Brasilianerin Gisele Bündchen verwies mit ihrer Herkunft auf ein Land, das den Schönheitenmarkt noch unendlich beliefern wird. „Brasilianische Models sind einzigartig, weil sie so viele ethnische Einflüsse haben. Das sind Gesichter, die auf der ganzen Welt funktionieren“, sagt John Casablancas, Erfinder des Model-Kults der 80er Jahre. Doch die neue Mädchenriege hat auch gelernt.

„Sie sind die härtesten Geschäftspartner, die ich je hatte", so Casablancas. Zum pekuniären Trend passte auch die neue Gebrauchsanleitung für die Handtasche: „Vogue Business", ein Stilratgeber für die weibliche Chefetage, und „Vivian", ein Damenheft, das Kalorien und Kapital zu verbinden suchte. Im Gegensatz zu den Frauen eierten die Männer der New Economy eher rum – ihr Dresscode war aus den Fugen geraten. Einst in Turnschuhen und Baggy-Pants, versuchten die millionenschweren Burschen nun, sich in Gucci-Anzügen zu verwirklichen. Das verstörte die Oldies – hatte man in Banker-Seminaren doch eben noch gelernt, wer in Jeans und Karo-Hemd nach einem Kredit verlangt, sei bestimmt ein Internetheld, während feiner Anzug eher auf Schwarzgeldsammler der CDU oder klamme Baulöwen deute. Überflüssige Sinnsuche – modisch sind sowieso die Frauen die Chefs von morgen.

**Sehr ansehnlich: Models aus Brasilien erobern die Modewelt**

# Gisele – rundum echt

Ihr Name klingt wie eine Geschenkpackung, und man könnte glauben, er sei auch vom Designer, aber Gisele Bündchen versichert barsch, dass an ihr alles, der Name und auch der Busen, echt sei.

Über die Oberweite der 20-jährigen Brasilianerin wurde spekuliert, seit Gisele sich zur Weltranglisten-Ersten der Modelklasse steigerte und in Paris Fotografen bei den Schauen T-Shirts mit der aufgedruckten Bitte „Freiheit für die beiden Giseles" trugen. Dieses Jahr schaffte es das Mädchen mit deutschen Vorfahren auch noch zur Königin der Titelblätter und entsetzte Millionen Teenager, weil sie deren Sugarboy Leonardo DiCaprio dazu brachte, sie auf Knien um die Ehe anzuflehen.

# Testino macht eine Szene

Die Party ist echt, die Mädchen sind echt, das Bild ist Lüge und Wahrheit zugleich – der Fotograf Mario Testino machte sich in diesem Jahr zum weltweiten Meister inszenierter Wirklichkeit, weil er Bilder komponierte, „in denen ich selbst gerne wäre“, so der in London lebende Peruaner.

# Party im Himmel

Irgendwie beruhigend, dass wir auch in 30 Jahren auf alle Fälle etwas anhaben werden. An eine solche Futur-Schau wagte sich in diesem Jahr der Fotograf Ali Kepenek und stellte sich vor, wie wohl 2030 eine Party in der internationalen Raumstation aussehen könnte – die Frauen gelangweilt und mit einer Hutgesichtsschöpfung von Philip Treacy etwas unnahbar. Ein grün-silbernes Nichts hat sich Thierry Mugler für die Zukunft gedacht. Praktisch im All wird auch das Faltkleid von Issey Miyake sein – es lässt sich auf Papierblattgröße zusammenlegen. Fraglich nur, ob die hohen Absätze da oben erlaubt sein werden. Könnten hässliche Dellen im Boden hinterlassen.

# Claudia wieder ohne

Vielleicht lag es daran, dass sie sich, wie in ihrem Werbespot, heißen Kaffee statt Parfüm hinters Ohr gießt – Claudia Schiffer hatte in diesem Jahr ihre erste private Niederlage mitzuteilen. So suchte das deutsche Millionen-Model zum 30. Geburtstag im August noch nach Worten, ihre Liebe mit dem Londoner Kunsthändler Tim Jeffries zu beschreiben, im November folgte dann ein überraschendes „Es ist aus". Über die Gründe schwieg Claudia, nicht aber über die Qualitäten des Verflossenen: „I think the world of him."

# Um den Kopf geht's

So ist das mit der französischen Fotografin Bettina Rheims – sie macht immer genau dann solche Bilder, die man genau dann eigentlich nicht macht. Beinahe minderjährige Mädchen in komplett durchsichtigen Hemden in einer Zeit, in der die Welt, verwirrt durch die Bilderflut des Internets, versucht, eine neue optische Moral zu formen. Doch so seltsam es klingt, Bettina Rheims will mit ihren Fotos beruhigen und in der Hysterie einen anderen Maßstab finden. Denn ihre Mädchen zeigen sich gern so und geben mit ihren Posen das Denken an den Betrachter zurück. Nicht Bilder sind das Problem, sondern die Köpfe, in denen sie fragwürdige Gedanken auslösen. Sonst müsste man im Sommer jeden Badestrand einzäunen.

# Mode am Tropf?

Atmet sie noch? Überhaupt, hat sie überlebt? Gibt es noch eine Frau nach den wirren Diktaten der dürren Models? Als sei er ein Danton der Mode, hat der englische Designer Alexander McQueen die wirkliche, die dicke, barocke Frau zum Postulat erhoben. Manch ein Besucher der Londoner Schauen fragte sich nach dem Sinn solcher Arrangements, aber der Sinn war die Sinnrettung selbst. Seht her, solche Frauen suchen nach Kleidern, solche Frauen wollen gerettet werden, wollen sich hinter Kleidern verstecken. Es war eine drastische Demonstration, von der noch keiner weiß, ob sie verstanden wurde.

# Umwelt Nicht der normale Wahnsinn

Von Horst Güntheroth

Seit dem 24. November hilft all die Augenwischerei nicht mehr, auch Deutschland hat die Seuche. Die Nachricht über die erste hier am Rinderwahn erkrankte Kuh schockte die Republik. Gern hatten die Menschen bis dahin an ihre BSE-freie Heimat geglaubt. Hörten doch Politiker und Verbände gar nicht auf zu beteuern, es bestünde nicht die geringste Gefahr für die Fleischkonsumenten. „Wer deutsche Markenware kauft, weiß, dass er auf der sicheren Seite ist“, tönte noch im März Landwirtschaftsminister Karl-Heinz Funke. Und ebenso ein ganzer Züchter-, Fleischer- und Futtermittelhersteller-Chor. Ein System verwirrender Herkunftsnachweise auf Gulasch-, Rouladen- und Steak-Verpackungen sollte den Käufer davon überzeugen, dass ihm nichts passieren könne. Doch alles war Lüge. Denn den deutschen Politikern und der Agrar-Lobby ging es bei ihren Schwüren lediglich darum, aus der Not BSE-befallener europäischer Länder Kapital zu schlagen und das eigene Rindfleisch auf dem hart umkämpften Markt ins beste Licht zu rücken. Um das Image vom sauberen Fleisch in Europa möglichst lange aufrechterhalten zu können, lehnte noch im November Deutschland im EU-Veterinärausschuss flächendeckende BSE-Schnelltests bei geschlachtetem Vieh ab.

Dabei wussten die Experten schon lange, dass in den Trögen deutscher Kühe trotz des seit 1994 bestehenden Verfütterungsverbots von Tiermehl an Wiederkäuer immer wieder mal das teuflische Pulver aus gemahlenen Kadavern landete, das für den Ausbruch der Seuche in England vor 15 Jahren verantwortlich gemacht wird. Zu oft waren Hersteller ertappt worden, die das Zeug nicht bei den

vorgeschriebenen 133 Grad Celsius sterilisiert hatten. Also musste seit Jahren klar sein: BSE gibt es mit Sicherheit auch bei uns. Wie viele Menschen sich durch das Versagen unserer Politiker inzwischen mit der todbringenden Krankheit angesteckt haben, bleibt ungewiss. Zumal von der Infektion bis zum Ausbruch des Leidens Jahre oder sogar Jahrzehnte vergehen können. Alle hoffen nun, dass wir mit einem blauen Auge davonkommen. Doch möglicherweise, so fürchten Epidemiologen, könnten bereits Hunderttausende in Deutschland den Erreger in sich tragen.
Da hilft es nun kaum noch, dass der Gesetzgeber in aller Eile verfügt hat, alles Tiermehl vom Markt zu nehmen und auch hierzulande Rinder nach dem Schlachten auf BSE zu testen. Der Wahn geht um.

**Wir Rindviecher: BSE nicht bei uns? Ein Lügenmärchen**

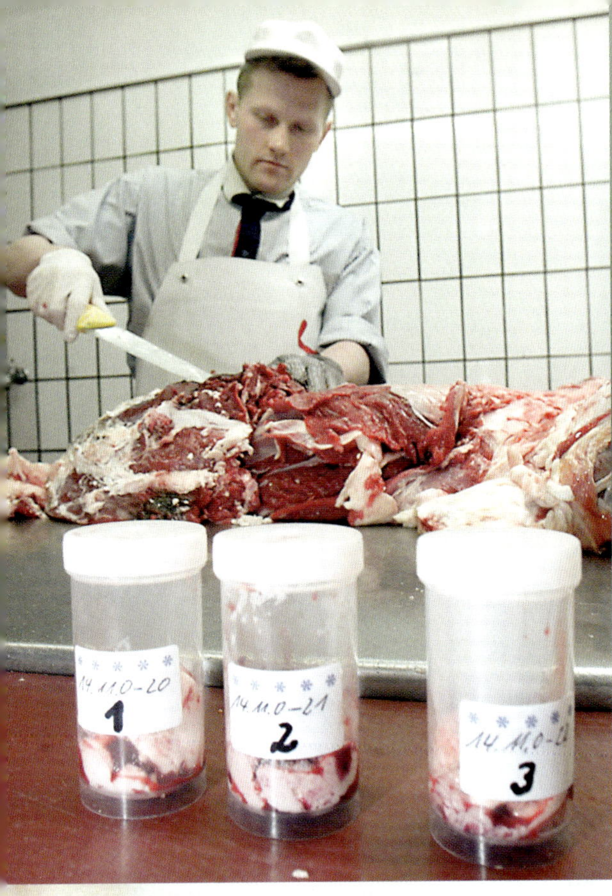

## Das Hirn gibt Alarm

Seit Dezember müssen alle in Deutschland geschlachteten Rinder, die älter als 30 Monate sind, einem BSE-Schnelltest unterzogen werden. Dazu entnehmen Veterinäre dem getöteten Tier eine Gewebeprobe aus dem Gehirn, in der dann innerhalb eines Tages die für die Krankheit typischen entarteten Eiweiße aufgespürt werden können. Allerdings wird die Infektion in sehr frühem Stadium, wenn die Menge der Erreger gering ist und sie das Hirn noch nicht erreicht haben, bisher nicht erkannt. Und das jüngste britische Rind, das je mit klinischen Symptomen aufgefallen ist, war nicht 30, sondern nur 20 Monate alt.

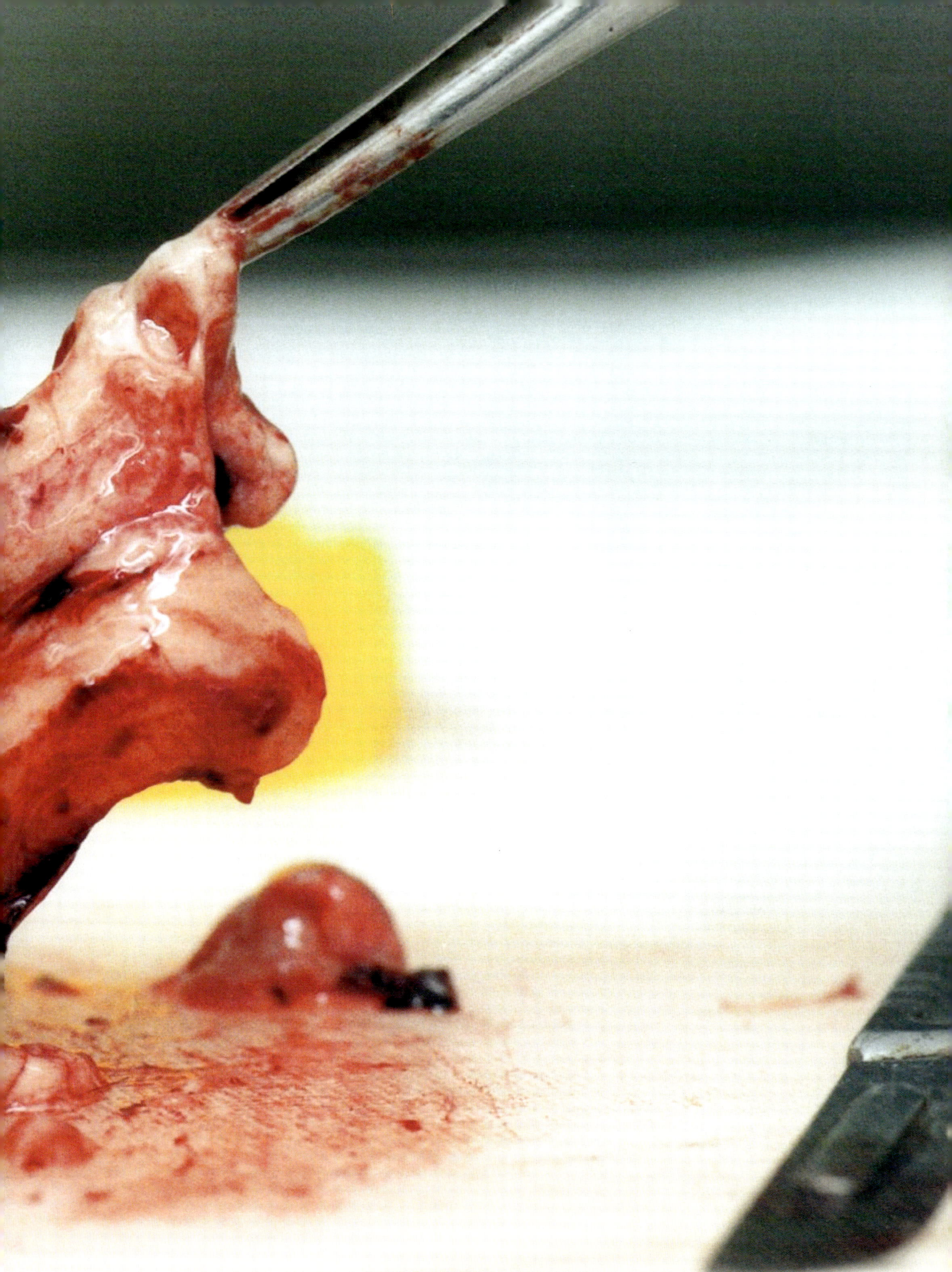

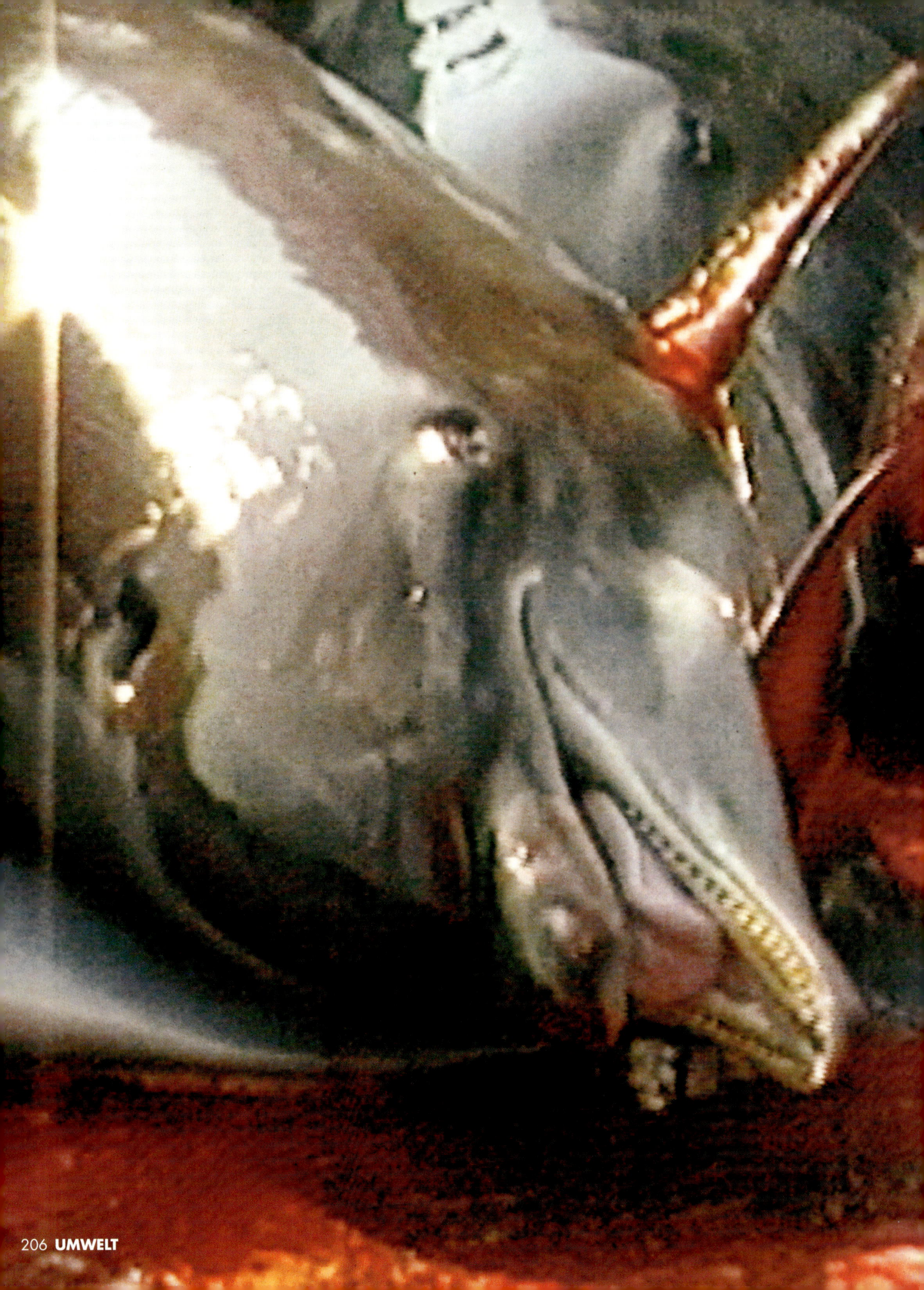

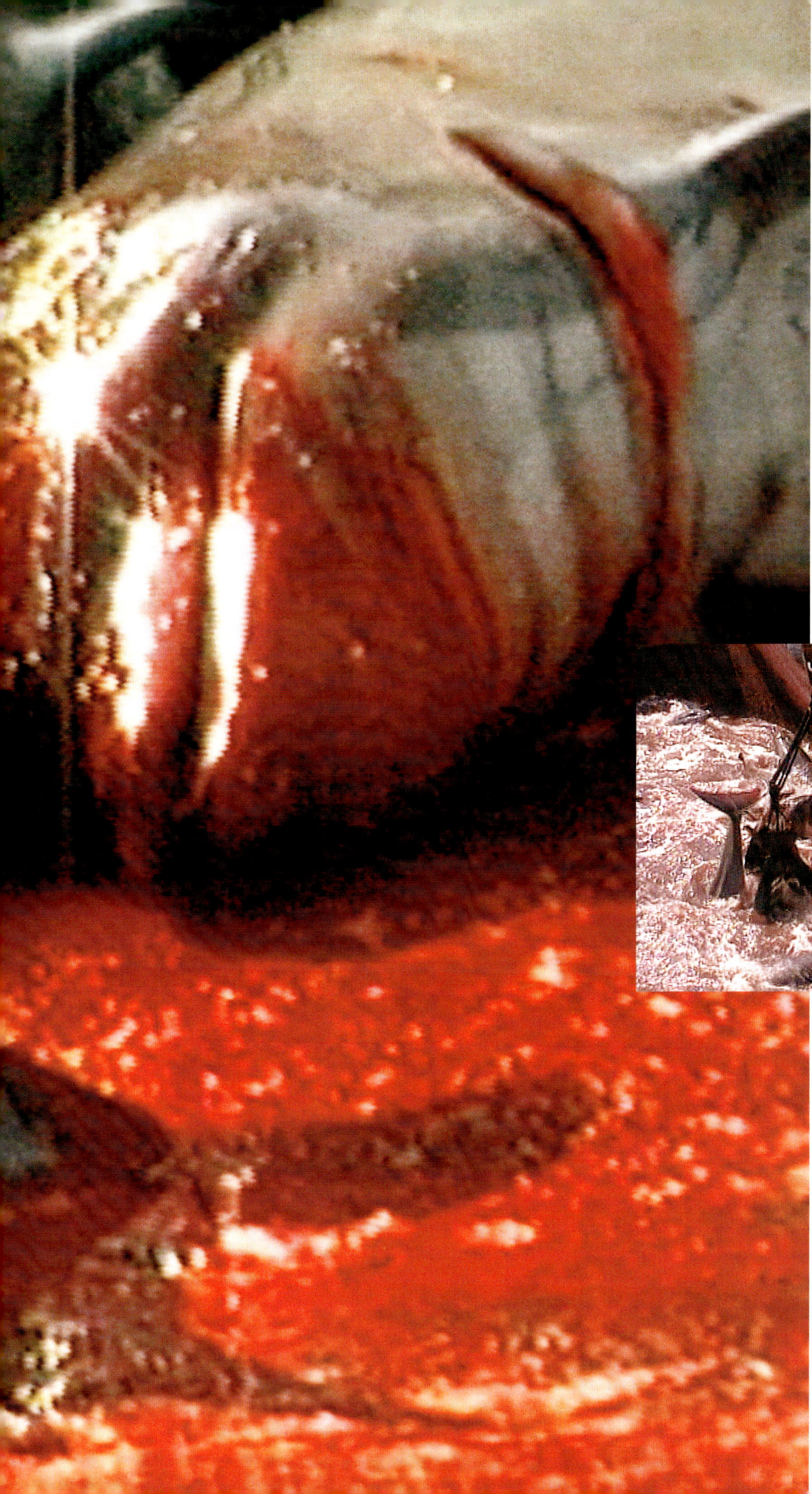

# Massaker für Gourmets

Mehr als 60 Große Tümmler haben Fischer aus dem japanischen Futo im Hafenbecken eingekesselt. Die ermatteten, mit Haken und Messern blutig gestochenen Tiere werden danach an Land gehievt. Dabei winden sie sich vor Schmerzen und schreien. Das Martyrium dauert Stunden. Erst dann werden sie, an der Schwanzflosse festgebunden, für den Transport in den Schlachthof auf einen Laster geschleift. Tausende von Kleinwalen

erleiden jedes Jahr dieses Schicksal – ihr Fleisch gilt unter den Reichen Tokios als Delikatesse.

## Das Gift des Krieges

Sonnenbad für die behinderten Kinder des vietnamesischen Waisenhauses „Mam Nom“ in Ho-Chi-Minh-Stadt. Bei gutem Wetter werden die Kleinen, die aus eigener Kraft das Bett nicht verlassen können, kurz nach draußen gebracht. Die meisten von ihnen sind Opfer des Entlaubungsmittels Agent Orange, von dem die US-Armee im Krieg 44 Millionen Liter über den Wäldern des Gegners versprühten. 70 000 Kinder leiden an den Folgen des Gifts. Durch Dioxin verkrüppelte Babys werden in Vietnam, einem der ärmsten Länder der Welt, häufig einfach ausgesetzt und landen in Waisenhäusern wie dem „Mam Nom“-Heim.

# Regen on the Rock

Es goss wie seit zwei Jahrzehnten nicht mehr, an diesem 22. Februar. Die wenigen Besucher des australischen Uluru Nationalparks, die sich von dem ungewöhnlichen Wetter nicht hatten abschrecken lassen, wurden mit einem seltenen Naturschauspiel belohnt. Der Ayers Rock, das Wahrzeichen des Kontinents, der von Postkarten meist in sattem Rot leuchtet, schimmerte in Blautönen. Das Regenwasser schoss in weißen Kaskaden von dem 348 Meter hohen Sandsteinbuckel herab.

Auch bei weniger extremen Wetterlagen wechselt der Brocken häufig die Farbe. Bei sanfteren Regengüssen oszilliert der Felsen meist zwischen Schwarz- und Weißschattierungen. An trockenen Tagen kann sich das Aussehen zwischen Rot- und Orangetönen verändern.

## Yacht-Salat am Atlantik

Die gewaltigen Kräfte eines Wintersturms rissen im Hafen von La Rochelle in Frankreich Dutzende Segelyachten von ihren Leinen und warfen die tonnenschweren Luxusschiffe wie Spielzeug aufs Ufer. Wind und Wellen richteten die Boote so zu, dass die Besitzer nach dem Unwetter Probleme hatten, ihre zerstörten Schiffe voneinander zu trennen.

## Die Pest mit dem Öl

Es war die größte Rettungsaktion, die Tierschützer jemals für eine frei lebende Vogelart organisiert haben. Vor der Küste Südafrikas war der Erzfrachter „Treasure" untergegangen. Tonnenweise Bunkeröl trieb auf der rauen See und gefährdete in der Nähe von Kapstadt die Brutkolonien von 76 000 Brillenpinguinen, fast die Hälfte des Weltbestandes. Eine leer stehende Waggonhalle der Eisenbahn wurde mit Plastik-Plantschbecken zur Waschstation für die 20 000 verölten Pinguine hergerichtet.

# Grüße aus der Hölle

Nach einigen kleineren Eruptionen meldete sich der Vulkan Oyama auf der japanischen Insel Miyakejima am 29. August mit einem Donnerschlag. Dichte Rauch- und Aschewolken wurden bis zu 8000 Meter in den Himmel geschleudert, eine 20 Zentimeter dicke Schlammschicht legte sich auf Straßen und Felder, der Schwefelgestank war noch im 200 Kilometer entfernten Tokio wahrzunehmen. Anhaltender Regen und ein heranziehendes Sturmtief beschworen die zusätzliche Gefahr herauf, dass die Aschemassen auf den bis zu 813 Meter hohen Vulkanhängen ins Rutschen gerieten. Die 4000 Bewohner mussten die 55 Quadratkilometer große Insel verlassen.

64

# Sommer der Vernichtung

Ein kalifornisches Spezialflugzeug lässt eine rote Chemikalien-Wolke ab, die das Feuer im Wald ersticken soll. Aus der Luft und am Boden kämpfte ein Heer von 25 000 Feuerwehrleuten gegen ein verheerendes Flammenmeer im Westen der USA. Dort wüteten gleichzeitig 86 Brände in zwölf Bundesstaaten. Es loderte vom südlichen Texas bis in den Norden Washingtons. 20 000 Quadratkilometer Natur wurden vernichtet. Schuld war eine falsche Forststrategie: Große Flächen Staatswald waren viel zu dicht bewachsen, voller Kleinholz und abgestorbener Bäume – da genügte manchmal ein Funke.

# Sport Es lebe die Völlerei

Von Michael Streck

Man muss sich das so vorstellen. An einem Sonntagnachmittag im Juli hat Rudi Völler nichts Wichtiges zu erledigen. Der Rasen ist gemäht, im Fernsehen läuft nur Kokolores, Langeweile. Also macht Völler sich auf von Leverkusen nach Köln, mit seinem dicken Chef Reiner Calmund und dem Herrn Daum, und dort treffen sie die Herren Uli Hoeneß, Karl-Heinz Rummenigge und Gerhard Mayer-Vorfelder. Man setzt sich in einer Villa an einen Tisch und beplauscht, wer denn nun Bundestrainer werden soll. Denn der Daum darf noch nicht, und die anderen können's nicht, und irgendwann gucken sie alle ratlos Rudi an, der schaut sich um, aber hinter ihm sitzt keiner mehr, und schließlich sagt er: „Okay.“ Er fragt noch schnell seine Frau, und die sagt: „Okay.“ Fertig. Auf diese Weise werden im Land des dreimaligen Welt- und Europameisters neuerdings die Teamchefs ausgeguckt. Ergo spottete Hamburgs Trainer Pagelsdorf, man könne von Glück sagen, dass an jenem Nachmittag nicht zufällig auch der kleine Sohn von Christoph Daum am Tisch saß, sonst wäre der womöglich…aber das ist natürlich nur Spekulation.

Wohingegen Rudi Völler auf Tatsachen setzt. Und Tatsache ist nun mal, dass die Nationalelf seit seinem Amtsantritt nicht mehr entsetzlich rumpelfußt wie bei der desaströsen Europameisterschaft. Sondern leidlich kickt und sogar wieder gewinnt. Weshalb Völler nun Rudi Riese heißt und nicht mehr Tante Käthe, wie einst, als er durch die Strafräume schlich und Tore schoss. Rudi hat also erst das Nationalteam auf Vordermann gebracht, en passant auch Bayer Leverkusen, nachdem Herr Daum nach Florida exiliert war. Aber was, verdammt noch eins, hat dieser Kerl außer grauen Locken und ein bis zwei glücklichen Händchen? Er hat, und womöglich ist das sein Geheimnis, zunächst mal gar nichts. Gar nichts, was ihn unterscheidet von den Leuten auf den Stehtribünen, die „Ruuuuuuudiiiiii" rufen. Denn Rudi ist so unkompliziert. Weihnachten zecht er noch mit den alten Freunden in seiner Heimatstadt Hanau und zwinkert jedem zu, weil: irre freundlich. Einmal nahm ihn Roman Herzog mit auf Staatsbesuch nach Südafrika. Und was macht der Völler? Zwinkert Nelson Mandela zu, als wär der ein Zechkumpan aus Hanau. So einer führt nun die Nationalmannschaft, und alles ist gut. Deshalb auch, weil vorher alles so schlecht war. Eines Tages, wenn er sich langweilt und der Rasen gemäht ist und im Fernsehen nur Kokolores läuft, wird er sich wieder aufmachen. Von Leverkusen nach Köln. Zu Fuß. Rudi wird übers Wasser schreiten, über den Rhein. Wenn nicht er, wer dann?

**Ganz einfach: Rudi wird Teamchef, und schon ist der Ball wieder rund**

## Eine Idee geht baden

Wenn es sie nicht schon gäbe, Tourismus-Manager müssten sie erfinden: die olympische Flamme. Für die Sommerspiele in Sydney schickten die Organisatoren die immer brennende Fackel auf eine hunderttägige Reise durch Australien. Dank einer pyrotechnischen Meisterleistung – die Flamme war fast 2000 Grad heiß – brannte sie auch in der Korallenwelt des Great Barrier Reef. Sehr hübsch, diese symbolische Vermählung von Feuer und Wasser. Und sehr werbewirksam.

# Bühne für ein altes Volk

Das „Stadium Australia" ist in warmes Licht getaucht, als die Aborigines zu tanzen beginnen. Der Abend des 15. September eröffnet die fröhlichen Spiele von Sydney, und der Auftritt der australischen Ureinwohner zaubert eine emotionale Atmosphäre in die Arena. Denn die Aborigines sind mehr als ein bloßes Folkloreanhängsel der Show, was Kritiker zuvor befürchteten. Die Meister des Bumerangs zeigen den 110 000 Menschen im Stadion und der Weltöffentlichkeit an den Fernsehschirmen, dass sie ihre uralte Kultur nicht aufgegeben haben, obwohl sie von der australischen Gesellschaft lange Zeit wie Menschen zweiter Klasse behandelt wurden.

## Immer volle Kraft voraus

Der Nobody, der aus dem Nichts auftaucht und gegen alle Erwartungen Gold holt – das ist der Stoff, aus dem olympische Träume sind. Das ist auch die Geschichte des Deutschen Thomas Schmidt: Mit überwältigenden 6,46 Sekunden Vorsprung gewinnt der 24-Jährige den Kajak-Slalom im Wildwasser von Penrith. Im Ziel reckt er das Paddel, mit dem er sein Kunststoffboot zuvor artistisch um die Stangen dirigiert hat, wie eine Trophäe in die Luft. An seinen Sieg geglaubt hatte nur er selbst: „Geiles Wasser, geile Stimmung. Ich war mir sicher, dass ich gewinne."

73

# War wohl nix

Sie hat ihren Traum fest im Visier: den ersten Olympiasieg, acht Jahre nachdem sie als 14-Jährige in Barcelona zweimal Silber gewonnen hat. Doch dann paddelt Franziska van Almsick, schon 22 Jahre alt, im Aquatic Centre von Sydney nur hinterher. Wenigstens holt sie über die 4 mal 200 Meter Freistil Bronze – die Reaktion der „Zicken-Staffel" („Bild") aber wird als kältester Jubel in die Olympiageschichte eingehen. Ganz anders die Freude beim Freistil-Ringer Alexander Leipold: Er erfüllt sich seinen Wunsch, schafft Gold trotz Nasenbeinbruchs. Doch Wochen später folgt der Schock: Das Ergebnis des Dopingtests ist positiv. Leipold verliert Medaille, Titel und seinen guten Ruf.

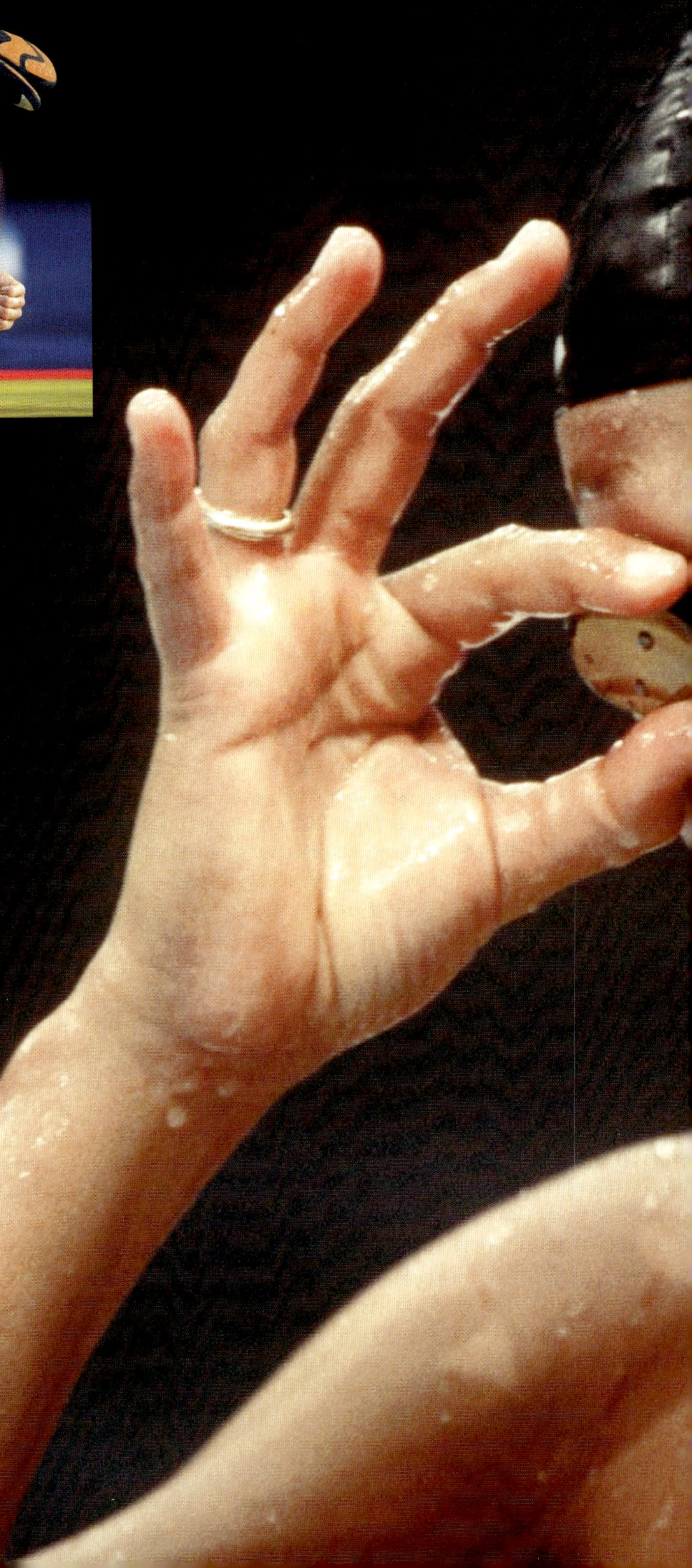

## Letzter Arbeitstag

Wenn ein Großer die Bühne verlässt, fließen meist Tränen. So auch am 19. November bei Dressurreiterin Isabell Werth und den Zuschauern in der Hanns-Martin-Schleyer-Halle, die den 17-jährigen Fuchs „Gigolo" mit Wunderkerzen und Standing Ovations aus dem Leistungssport verabschieden. „Wenn ich auf ihm sitze, ist es wie nach Hause kommen", sagt Werth über ihr Goldpferd. Gemeinsam erritten sie sich in neun Jahren vier Olympiasiege und ein Preisgeld von 883 918 Mark. Auch bei seinem letzten Auftritt zittert dem Paradeross kräftig die Unterlippe. Das Markenzeichen des vielleicht nicht schönen, dafür aber ungewöhnlich klugen Gigolo.

# Zwei Brüder und die Ehre

Nein, dies sind nicht die ukrainischen Meister im Synchronbaden. Sondern die neuen Lieblingsboxer der Deutschen, die Schwergewichtler Wladimir (links) und Vitali Klitschko. In diesem Jahr zeigen die K.-o.-Spezialisten erstmals Nehmerqualitäten: Im Mai pflanzen sie sich für die Zeitschrift „GQ" in einem Schwimmbad auf, um zu beweisen, dass sie keine Waschlappen sind. Dann aber gibt Vitali, der ältere der beiden Brüder, seinen Kampf gegen den US-Amerikaner Chris Byrd wegen einer Verletzung auf und sieht sich fortan mit Häme überschüttet. Wladimir rettet im Oktober den WBO-Weltmeistergürtel und damit die Familienehre – er bezwingt den flinken Byrd klar nach Punkten.

10
OZ
PAFFEN
SPORT

# Vollrausch in Rot

**Die Durststrecke war lang, und entsprechend bombastico fallen die Jubelszenen aus: 21 Jahre nach Jody Scheckter wird wieder ein Ferrari-Pilot Formel-1-Weltmeister. Michael Schumacher beschert der Scuderia mit seinem Sieg in Sepang in Malaysia auch den Triumph in der Teamwertung vor McLaren-Mercedes. Für den Deutschen ist es der dritte WM-Titel seiner Karriere, aber der erste mit Ferrari. Vier Jahre lang war er knapp am ersehnten Erfolg vorbeigeschrammt. Ganz Italien feiert nun die roten Renner – und den in dieser Saison tifosihaft emotionalen Schumi, der in Monza bei der Pressekonferenz vor Rührung weinte.**

ERIA FERRARI MARLBORO
SIEMENS
TEAM
WORLD
CHAMPION

## Sprünge toller Hechte

Von oben sieht der Bergsee aus wie ein winziger, tiefblauer Pool, eingerahmt von schroffen Felsstürzen. Hier runterspringen, 26 Meter in die Tiefe? Mit 100 Stundenkilometern aufs Wasser prallen, mit neunmal härterer Wucht als von einem Zehnmeterturm? Klippenspringer lieben das. Ihre akrobatischen, todesverachtenden Sprungkreationen präsentieren sie im Juli im Tessin bei Locarno.

# Ein Genie dreht durch

Ausgerechnet Zinedine Zidane. Mit Kopfstößen hatte der Franzose 1998 zwei Tore im Weltmeisterschaftsendspiel gegen Brasilien erzielt. Und dann rammt der intelligente Spielmacher von Juventus Turin seinen Schädel gegen das Gesicht eines gewissen Jochen Kientz, fliegt hochkant vom Platz. Mit 1:3 geht Juve gegen den Hamburger SV ein und scheitert in der Champions League. Zidane stammelt nach dem Match: „Es tut mir leid."

## Brautschau gefällig?

Wo die Tour de France vorbeirauscht, sind Selbstdarsteller nie weit, und mancher hat 'n Rad ab. Aber die Fahrer freuen sich über jede Ablenkung, auch über einen Mann im Hochzeitskleid. Denn nach dieser siebten Etappe – 205,5 Kilometer von Tours nach Limoges – warten die gewaltigen Steigungen von Pyrenäen und Alpen. Wie im Vorjahr strampelt dort der Amerikaner Lance Armstrong allen Konkurrenten davon. Auch Jan Ullrich, Tour-Sieger von 1997, kann dessen Hinterrad nicht halten, kommt aber immerhin als Zweiter in Paris an. Verdrängt haben da schon alle den Doping-Skandal, der den Tour-Mythos noch zwei Jahre zuvor zerstört zu haben schien.

DOMIN
JE
T'AIME

## Augen auf und durch

Im letzten großen Match des Jahres, dem Masters-Finale, unterliegt er Gustavo Kuerten, einem der jungen Wilden. Dennoch: Der wildeste Spieler im ATP-Tenniszirkus heißt auch im Jahr 2000 Andre Agassi – selbst wenn seine Stirn höher und höher wird. Aber der Mann aus Las Vegas ist auch im 14. Jahr seiner Profikarriere verrückt nach Tennis. Diesen kühnen Sprung rollt Agassi gewohnt geschmeidig ab – seine Partie gegen den Schweden Thomas Enqvist beim rundum unbedeutenden „Colonial Classic" in Melbourne gewinnt er in drei Sätzen.

nial.

# Bye-bye, Loddar

Der Abschied fällt standesgemäß aus: Mit 4:1 besiegt Bayern München in der Champions League Real Madrid. Als Lothar Matthäus, 38 Jahre alt, an diesem 8. März ausgewechselt wird, erheben sich die 60 000 Menschen von den Rängen des Olympiastadions. Ehre dem ewigen Lothar. Noch einmal lebe der König des raumgreifenden Passes hoch, hoch, hoch. Matthäus wechselt nach New York, zu den Metro Stars, die er ins Halbfinale der US-Meisterschaft führt. Aber auch den deutschen Fans bleibt er erhalten. Bei der Europameisterschaft gibt er den Libero alter Prägung und geht in einem seelenlosen Team mit unter. Die Nationalmannschaftskarriere des Rekordhalters mit 150 Einsätzen und Weltmeisters von 1990 endet unwürdig: Deutschland scheidet nach dem 0:3 gegen Portugals B-Auswahl schon in der Vorrunde aus, Matthäus flüchtet kommentarlos nach Manhattan.

# USA Macht ist, wenn man trotzdem lacht

**Von Claus Lutterbeck**

Eigentlich hatte er haushoch gewonnen. Der Demokrat Al Gore bekam mehr Stimmen als jemals ein demokratischer Präsident zuvor. Mehr als Clinton, mehr als Kennedy. Trotzdem ist er nur Zweiter. Zum Sieger wurde – nach einer denkwürdig unsauberen Wahl – George Walker Bush erklärt. Er hatte landesweit rund 500 000 Stimmen weniger als Gore. Weil das US-Wahlrecht aber aus einer Zeit stammt, als die Postkutschen noch von Indianern und Banditen überfallen wurden, bestimmen Wahlmänner den Präsidenten. In diesem verstaubten Gremium hatte der Verlierer die Mehrheit – mit nur einer Stimme mehr, als das Gesetz vorschreibt. Selbst dieser hauchdünne Vorsprung ist dubios. Der wurde nämlich in Florida errungen, einem Staat, in dem Bushs kleiner Bruder Jeb als Gouverneur und seine glühende Wahlhelferin Katherine Harris als Innenministerin regieren. Eine Studie der Zeitung „Miami Herald“ kam zu dem Ergebnis: Wenn alles mit rechten Dingen zugegangen wäre, wenn die Wahlmaschinen ordentlich funktioniert hätten und die rund sechs Millionen Stimmzettel fehlerfrei ausgezählt worden wären, hätte Gore wahrscheinlich 23 000 Stimmen mehr als Bush. Dass sie nicht genau ausgezählt worden sind, ist ein Skandal, der die Glaubwürdigkeit der USA erschüttert.

Das Ausmaß an Pfusch, Schlamperei und Schiebung, das die Medien im sumpfigen Rentnerparadies aufgedeckt haben, kennt man sonst nur aus Ländern, wo Bananen wachsen. Noch nie gab es so viele ungültige Stimmzettel, die entweder leer waren oder doppelt ausgefüllt. Das lag vor allem an den miserabel gewarteten alten Lochkartenmaschinen. Sie produzierten mehr Ausschuss denn je: 180 000 Stimmzettel, vor allem in Gore-freundlichen Wahlkreisen, waren ungültig. Ob sie wirklich von den Wählern absichtlich blank gelassen wurden, wie Bush behauptet, ist fraglich. Wer in den USA nicht wählen will, macht sich nicht die Mühe, an einem Werktag nach der Arbeit stundenlang in einer langen Schlange zu warten, um dann einen leeren Stimmzettel abzugeben. Die naheliegende Erklärung: Viele Zettel wurden von den Automaten nicht erkannt, weil defekte Maschinen sie nicht korrekt gestanzt hatten. Alle Versuche der Demokraten, die Stimmen von Hand neu zählen zu lassen, wurden von konservativen Richtern abgeschmettert. Am Ende einer juristischen Schlammschlacht entschied der Oberste Gerichtshof der USA mit einer Stimme Mehrheit, keine Nachzählung zuzulassen. Es waren genau jene fünf Richter, die von republikanischen Präsidenten ernannt worden waren. Für die unterlegene Minderheit schrieb Richter John Paul Stevens bitter: „Auch wenn wir wohl nie genau erfahren werden, wer diese Wahl wirklich gewonnen hat, so wissen wir doch genau, wer sie verloren hat: Es ist das Vertrauen der Nation in die Richter als unparteiische Wächter der Rechtsstaatlichkeit."

**Mit Mehrheit verloren: ein Lächeln von Gore für Bush**

# Woll'n doch mal sehen

Augenblick, das haben wir gleich – denkste, am Ende blickte dieser Auszähler in Broward County einfach nicht mehr durch. Amerika hat nämlich Probleme, von denen der Rest der Welt bisher nichts ahnte: Weil Hunderttausende von Lochkarten, die in vielen Wahlkreisen Floridas als Stimmzettel verwendet wurden, nicht richtig gestanzt waren, konnten die Zählmaschinen den Wählerwillen nicht erkennen. So mussten die Dinger Stück für Stück von völlig überforderten Helfern nachgezählt werden. Die altersschwachen Lochkartenmaschinen hatten oft nicht funktioniert, weil sie seit fast einem Jahrzehnt nicht gewartet worden waren. Ihre Fehlerquote war mit 3,9 Prozent fast dreimal so hoch wie die von anderen Wahlmethoden. Das Lochkartensystem sei ein „grauenhafter Schlamassel", sagte Computer-Professor Michael Shamos. Schon 1988 empfahl eine Kommission der Bundesregierung in Washington, die Schrottkästen zu verramschen. Warum sie zwölf Jahre später noch einmal verwendet wurden, ist eines der vielen Geheimnisse dieser mysteriösen Wahl.

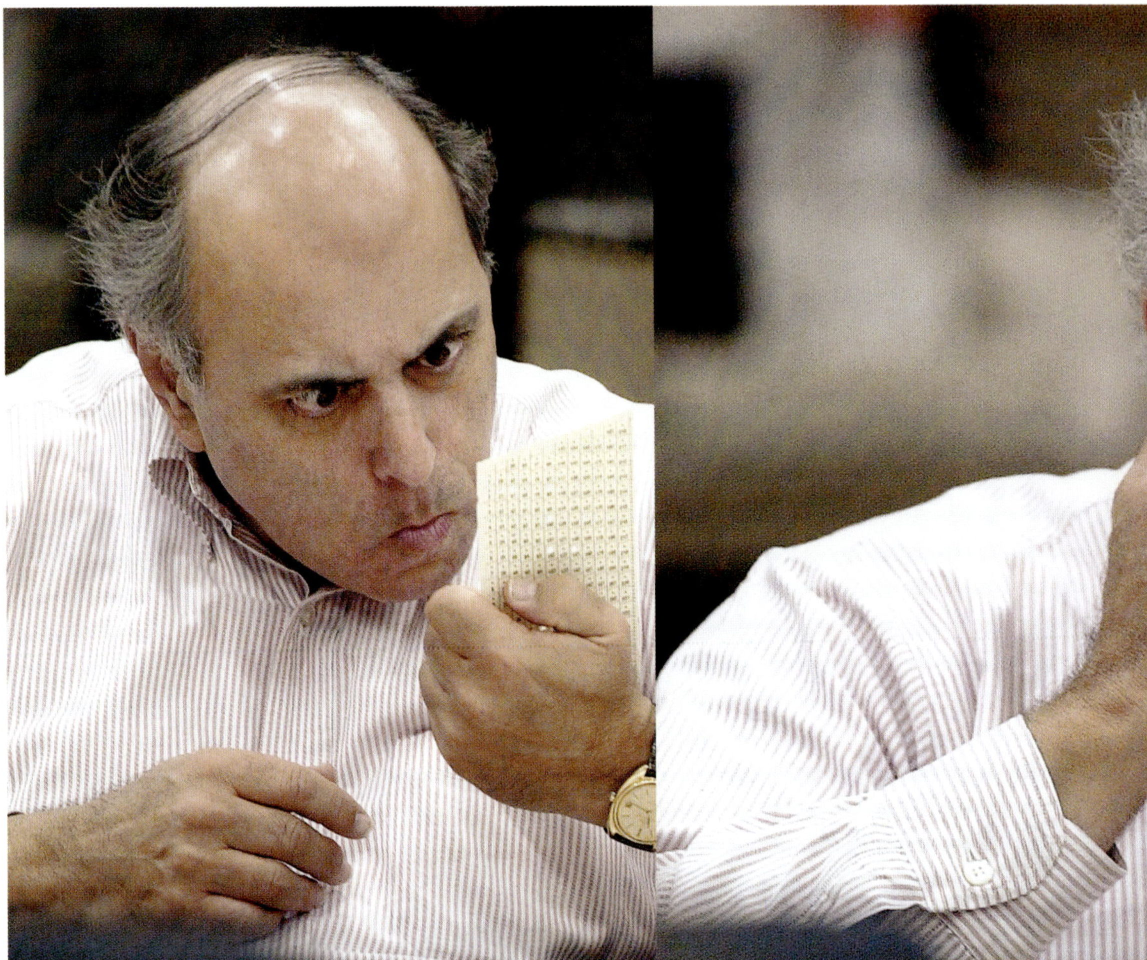

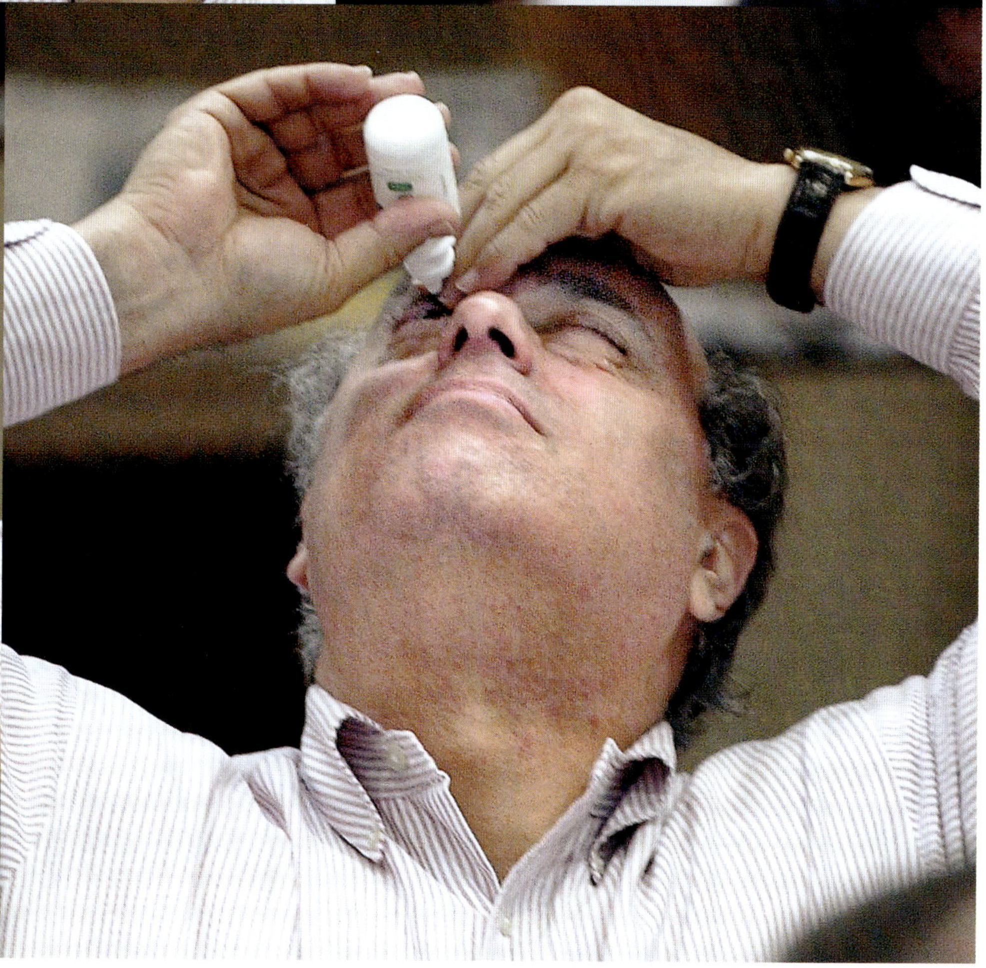

## Powerfrau am Ziel

Konfetti-Regen im Ballsaal des „Grand Hyatt"-Hotels in Manhattan. Im himmelblauen Hosenanzug lässt sich Hillary Clinton am 7. November kurz vor Mitternacht im Beisein von Tochter Chelsea als neue Senatorin des Bundesstaats New York feiern. Noch nie hat eine First Lady einen solch wichtigen Posten erobert. Durch ihren Sieg gegen den Republikaner Rick Lazio trat die Powerfrau endgültig aus dem Schatten ihres Präsidenten-Ehemanns Bill.

## Staatsdrama um ein Kind

Stadtteil „Klein-Havanna" in Miami. Mit vorgehaltener Schusswaffe holt ein Beamter der US-Einwanderungsbehörde den verschreckten Elián González aus der Wohnung seiner Verwandten. Das Schicksal des Sechsjährigen hatte für Schlagzeilen gesorgt: Im November 1999 verlor der kubanische Junge seine Mutter und entging selbst dem Tod nur mit knapper Not, als sein Flüchtlingsboot auf dem Weg in die USA gekentert war. Dort begann ein Sorgerechtsstreit, der sich zum Staatsdrama zwischen den USA und Kuba auswuchs. Erst am 28. Juni kehrte das Kind nach Havanna zurück.

## Madonna gut in Form

Wir sehen: Mama Madonna im mexikanischen Schlamm vier Wochen vor Geburt ihres zweiten Kindes, eines Sohnes, der Rocco Ritchie heißt. Nicht im Bild: „Music", Madonnas 14. Album, das nach Erscheinen sofort an die Spitze der Charts ging. Und im Dezember schließlich Madonna vor dem Traualtar, denn nach Roccos Geburt hatte sie angekündigt, den Vater ihres Sohnes, den englischen Regisseur Guy Ritchie, heiraten zu wollen. „Kinder zu erziehen ist für mich allein zu anstrengend", sagte sie.

# Wissenschaft Endlich – der gläserne Mensch

Von Frank Ochmann

Der Versuch, das Erbgut des Menschen zu entschlüsseln, sei etwa so sinnvoll, wie Shakespeare in Keilschrift zu übersetzen, schrieben zwei angesehene Biologen noch 1986. Nur 14 Jahre später wurde im Weißen Haus der Abschluss des „Human-Genom-Projektes" gefeiert – drei Milliarden Mal waren die Buchstaben A, C, T und G, das chemische Alphabet des Lebens, in den Speichern von Superrechnern aneinander gereiht. Was kurz zuvor noch Unfug war, wurde nun als Jahrhundertereignis gepriesen, vergleichbar nur mit der ersten Mondlandung oder gar mit der Erfindung des Buchdrucks. Denn von nun an muss die durchbuchstabierte biologische Bauanleitung des Menschen wie Schrifttafeln einer versunkenen Kultur übersetzt werden. Bis auch der letzte Teil des imposanten Datenstrangs verstanden ist, können Jahrzehnte vergehen. Trotzdem steht die Medizin vor einer Revolution. Wunder wird sie zwar auch in hundert Jahren nicht vollbringen können, aber wichtige Einzelergebnisse aus dem Datenwust werden den Forschern nach und nach verstehen helfen, warum manche Menschen etwa für Diabetes, Brustkrebs oder Alzheimer anfälliger sind als andere und warum bestimmte Medikamente bei einem Kranken wirken und bei einem anderen nicht.

Eine „individualisierte Medizin" ist das Ziel, mit maßgeschneiderten Therapien für jeden einzelnen Patienten, womöglich auch mit Gen-Korrekturen. Dazu werden Ärzte das Erbgut eines Menschen vermutlich schon in einigen Jahren einfach und schnell bestimmen können. Ein paar Körperzellen reichen dann aus, um die genetischen Anlagen auf Risiken oder Fehlfunktionen zu checken und vielleicht zu verändern – auch vor der Geburt. Kein Wunder, dass bei der Aussicht auf einen bis hinunter zu seinen Molekülen durchleuchteten Menschen auch Ängste aufkommen. Denn wer garantiert, dass etwa ein hoch qualifizierter Bewerber nicht in ein paar Jahren abgelehnt wird, weil ihn der Blick ins Erbgut womöglich als potenziellen Trunkenbold verrät? Werden Menschen demnächst schon von ihrer Zeugung an als minderwertig abgestempelt werden, weil das „falsche" Erbgut in ihren Zellen steckt? Missbrauch ist möglich.

Doch der genormte Mensch oder gar eine Gesellschaft, in der eine genetische Unterschicht der im Labor veredelten Herrenrasse zu dienen hat, ist bis auf weiteres wüste Science-Fiction. Denn die Umwelt ist mindestens genauso wichtig für unsere Entwicklung wie der Einfluss der Erbanlagen, die wir von den Eltern mitbekommen haben – Menschen sind komplexe Mischwesen, nicht Gefangene ihrer Gene.

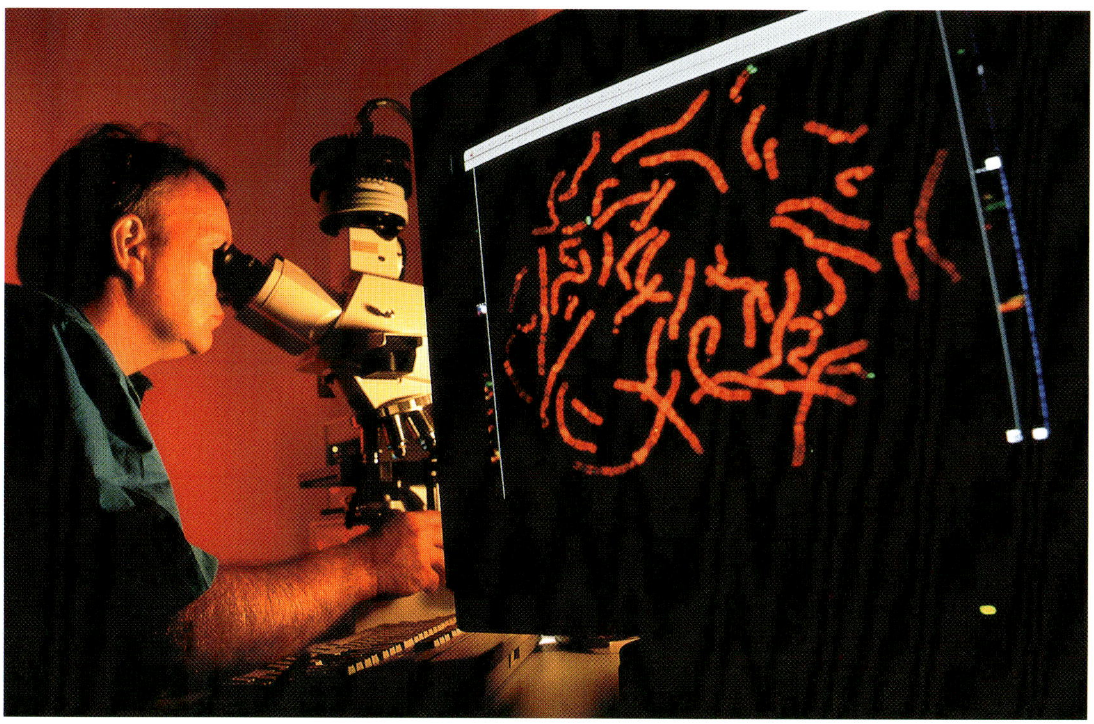

**In dicht gewickelten Knäueln, den Chromosomen, steckt das Erbgut in jeder Körperzelle**

## Schlaffe Spermien

Handwerklich haben die Ärzte die Methode im Griff. Unter dem Mikroskop stechen sie eine haarfeine Hohlnadel in eine Eizelle und injizieren ihr dann ein einziges Spermium. „Intrazytoplasmatische Spermieninjektion“ heißt die Technik, kurz ICSI. Sie hilft auch solchen Männern, Vater zu werden, in deren Ejakulat kaum noch vitale Spermien schwimmen. In Deutschland wird die Methode jedes Jahr 15 000-mal angewendet. Weltweit leben weit mehr als 100 000 ICSI-Kinder, das älteste ist neun Jahre alt. Der amerikanische Urologe Paul Turek fürchtet, dass es gute Gründe gibt, weshalb manche Männer von Natur unfruchtbar sind. Bei eingeschränkter Spermienbildung, vermutet er, kann der Organismus Schäden im Erbgut nicht mehr vollständig reparieren. Einige ICSI-Kinder laufen daher Gefahr, als Erwachsene leichter an Krebs zu erkranken.

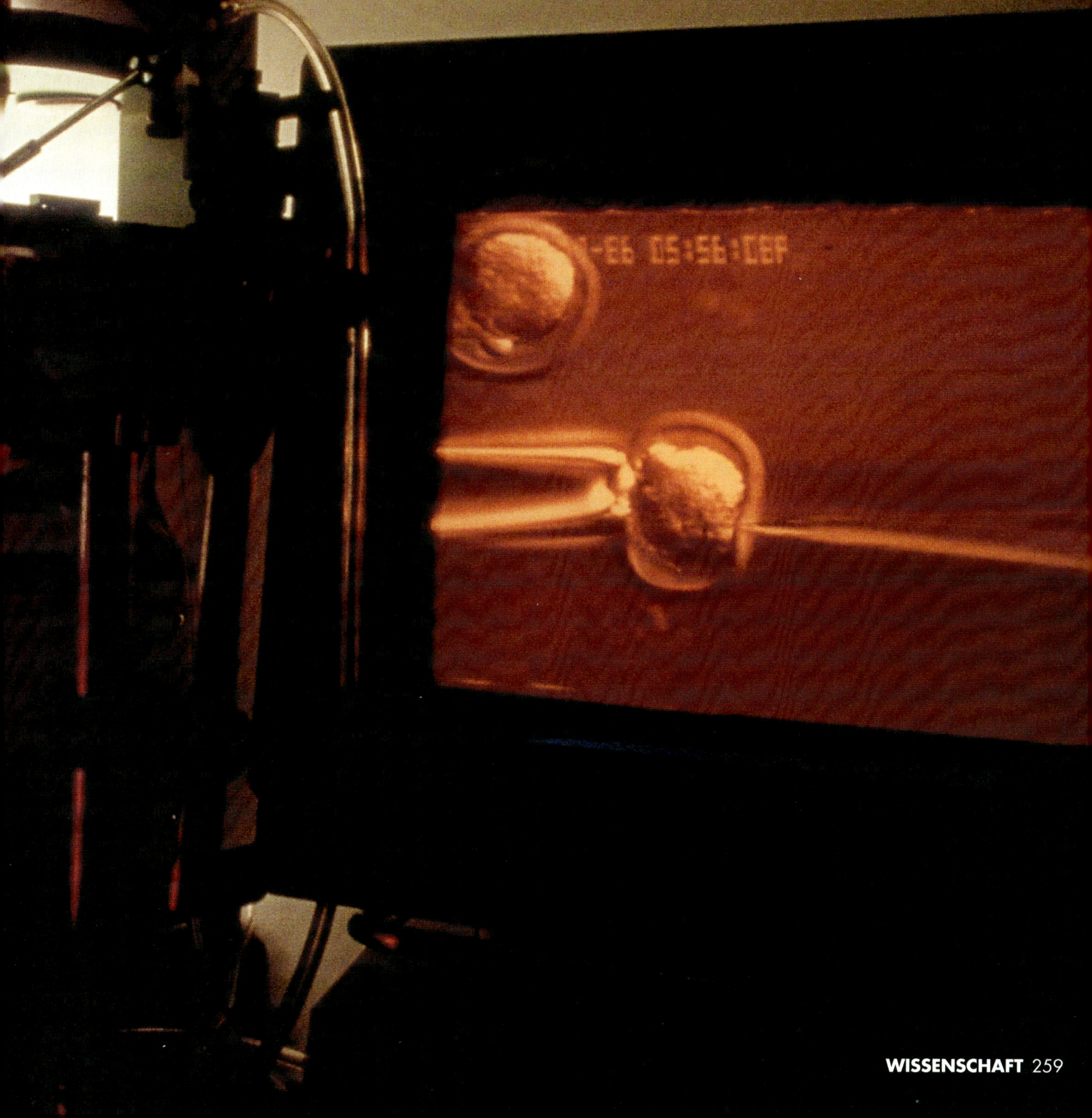

## Schau mir ins Auge, Großer

Sieben Monate war das Mädchen alt, als seine wasserfanatischen Eltern mit ihm an eine Bucht am Golf von Mexiko fuhren, in der es von friedvoll neugierigen Tümmlern wimmelt. Die Mutter tauchte mit dem Säugling auf dem Arm ab und ließ den Winzling los. Das Baby genoss die Leichtigkeit des Seins in warmer Flut, schwebte, drehte sich und strampelte sanft – ein Delfin begleitete staunend das 30-Sekunden-Spektakel.

# Das Elend Afrikas

Südlich der Sahara beginnt das Grauen. 25 Millionen Afrikaner haben sich inzwischen mit dem Aids-Virus angesteckt. 3,8 Millionen Neuinfizierte waren es allein in diesem Jahr. Auf der 13. Welt-Aids-Konferenz im südafrikanischen Durban im Juli wurde wieder einmal die für Medikamente und Vorbeugung dringend benötigte Hilfe der reichen Länder Europas und Amerikas gefordert. Solange die weiter aussteht, bleibt vielen Menschen nichts anderes übrig, als – wie hier in Tansania – mit den meist noch jungen Toten ihre Hoffnung auf eine Rettung aus dem Desaster zu begraben.

# Schätze aus den Fluten

Ein Taucher birgt in der Bucht von Abukir einen Marmorkopf des Gottes Serapis. Ein Prachtstück aus einem immensen antiken Hort, den der französische Unterwasserarchäologe Franck Goddio vor der ägyptischen Küste entdeckte: Säulen und Amphoren, Statuen und Sphinxe, Münzen und Medaillen, Obeliske, Ruinen von Häusern und Tempeln. Historiker sind davon überzeugt, dass es sich um die nach Erdbeben versunkenen Städte Menuthis und Herakleion aus dem 6. und 7. Jahrhundert v. Chr. handelt.

# Mini-Räuber der Meere

Drachenkopf mit Spiralleib und durchsichtigen Kehlsäcken: Ein winziges Wunder aus dem Atlantik und dem Mittelmeer ist die Atlanta peroni. Die wenige Millimeter messende Gehäuseschnecke lässt sich in Strömungen treiben, als Nahrung zerschreddert sie mit ihrer Raspelzunge kleine Quallen. Die Evolution hat sich mit den unscheinbaren Freischwimmern größte Mühe gegeben. Sie durchlaufen mehrere Entwicklungsstadien, sogar die Augen werden permanent umgebaut, wie ein österreichischer Forscher von der Uni Wien herausgefunden hat: Aus primitiven Lichtzellen bilden sich scharfsichtige Sehorgane, die den kleinen Räubern helfen, Beute zu machen.

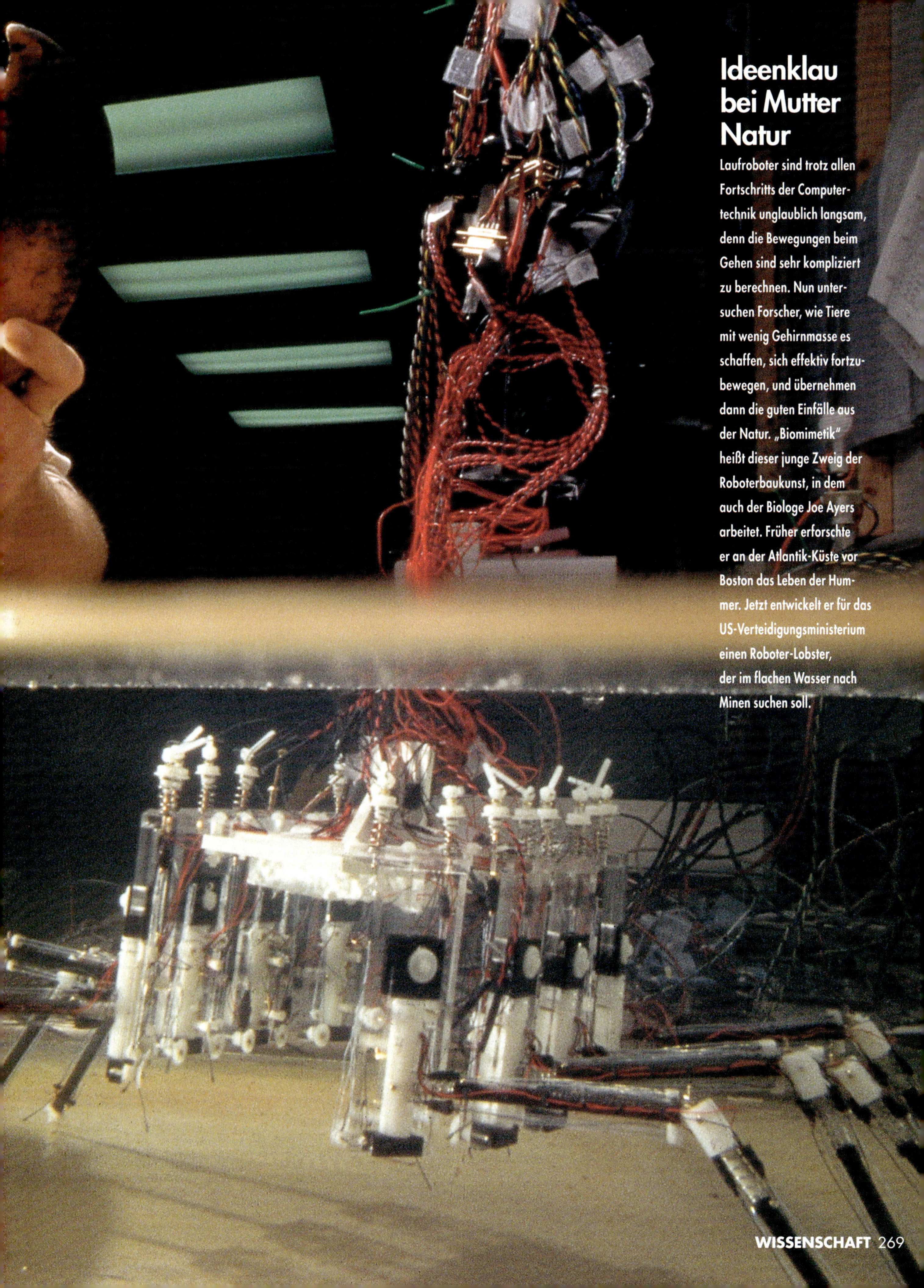

# Ideenklau bei Mutter Natur

Laufroboter sind trotz allen Fortschritts der Computertechnik unglaublich langsam, denn die Bewegungen beim Gehen sind sehr kompliziert zu berechnen. Nun untersuchen Forscher, wie Tiere mit wenig Gehirnmasse es schaffen, sich effektiv fortzubewegen, und übernehmen dann die guten Einfälle aus der Natur. „Biomimetik“ heißt dieser junge Zweig der Roboterbaukunst, in dem auch der Biologe Joe Ayers arbeitet. Früher erforschte er an der Atlantik-Küste vor Boston das Leben der Hummer. Jetzt entwickelt er für das US-Verteidigungsministerium einen Roboter-Lobster, der im flachen Wasser nach Minen suchen soll.

# Feuerwerk auf der Sonne

Von der Oberfläche der Sonne schießt heißes Gas Hunderttausende Kilometer hoch ins All – Magnetkräfte halten die Ströme fest und leiten sie entlang von Feldschleifen. Die spektakulären Vorgänge auf unserem Energiespender untersucht der Nasa-Satellit „Transition Region and Coronal Explorer" (TRACE). Mit seinen Bildern und Daten wollen Wissenschaftler herausbekommen, wie der Stern im Zentrum unseres Planetensystems, ohne den es auf der Erde kein Leben gäbe, seine segensreiche Power entfaltet.

# **Starship** Meer und mehr Meer

**Von Peter Sandmeyer**

Ein Schiff erfährt die Ferne. Im zweiten Jahr ihrer Erdumrundung für den *stern* kreuzte die „Starship“ vor pazifischen Küsten, deren Leben uns nicht nur im geografischen Sinne fern ist. Und wenn die Crew und die Reporter an ihnen landeten, entdeckten sie manchmal die Idylle einer Postkarte. Fern, fremd, archaisch und auch blutig ist der Alltag auf Ngulu, einer winzigen Insel der Outer Islands von Yap, zu der sich selten eine Segelyacht und nie ein Kreuzfahrtschiff verirrt. 17 Menschen wohnen dort, drei Familien. Und wie vor Jahrhunderten ist es für sie ein Fest, wenn die großen Seeschildkröten zur Eiablage auf den Strand kommen und von den Insulanern geschlachtet werden. Die Eier gelten als besondere Delikatesse. Fernes, altes Leben auch auf den Trobriand-Inseln, die zu Papua-Neuguinea gehören. Mit Palmblättern gedeckte Pfahlhütten, qualmende Herdfeuer, wühlende Schweine, stillende Frauen – Vorzeit. Und gleichzeitig ein Beleg für die Relativität von Fortschritt. Der Ethnologe und Arzt Wulf Schiefenhövel, dessen Forschungen hier vor 20 Jahren begannen und der nun mit der „Starship“ zurückkehrte, hat festgestellt, dass trotz Krätze und Malaria die Kinder nirgendwo glücklicher und psychische Erkrankungen auf den Inseln so gut wie unbekannt sind.

Die Trobriands haben auch eine Schlüsselstellung bei der Rekonstruktion eines der größten Abenteuer der Menschheit: der Eroberung der ungeheuren Wasserweiten des Pazifiks, die zwei Drittel unseres blauen Planeten bedecken. Irgendwo im Nordwesten Neu-Guineas sind sie vor drei-, viertausend Jahren aufgebrochen, Menschen mit Steinwerkzeugen in schwimmenden Baumstämmen mit Blattsegeln, und nach Osten gesegelt, der Sonne entgegen. Und nach und nach haben sie die Inselkrümel in diesem gigantischen Ozean gefunden und besiedelt. Nachdem Sprachwissenschaftler bewiesen haben, dass die mehr als 800 Sprachen zwischen Taiwan, Hawaii, Polynesien und Neuseeland auf eine gemeinsame Ursprache zurückgehen, sollen jetzt genetische Untersuchungen näheren Aufschluss über die Verwandtschaftsverhältnisse der weit verstreuten Populationen des Pazifiks erbringen. Auch dem Kurs des ersten Europäers, der den Pazifik durchsegelte, folgte die „Starship“. Vor fast 500 Jahren fand Fernando de Magellan den Seeweg vom Atlantik in den Pazifik, entdeckte die Inselwelt der Philippinen, erbrachte den Beweis, dass die Erde eine Kugel ist, und gab dem Ozean seinen Namen: der Friedliche – El Pacífico. „Das Herz der Erde“, schrieb Herman Melville, „das in seinen Gezeiten schlägt.“

**Der Chief von Ngulu entnimmt die Schildkröteneier – eine begehrte Delikatesse**

## Triumphale Reise in den Tod

Er wollte einen kurzen Seeweg zu den begehrten Gewürzinseln der Molukken finden – es wurde eine Irrfahrt des Grauens. Mehr als hundert Tage, dreimal so lange wie die erste Atlantik-Überquerung von Kolumbus, dauerte die erste Pazifik-Durchquerung von Europäern unter Führung von Fernando de Magellan, dessen Kurs die „Starship" folgte. An Bord der spanischen Schiffe starben viele an Hunger, Durst und Skorbut. Trotzdem war es ein Triumph, als Magellan 1521 die Philippinen erreichte – der Beweis, dass die Erde rund ist. Doch der Führer der Flotille unterschätzte bei einer Strafexpedition gegen aufsässige Insulaner deren Stärke und wurde von ihnen erschlagen.

# Wie vor viertausend Jahren

Auf Kiriwina, der Hauptinsel der Trobriands, erscheinen die Kinder regelmäßig in traditioneller Tracht zum Unterricht. Sie tanzen uralte Tänze und singen überlieferte Lieder, deren Texte allerdings von christlichen Missionaren umgeschrieben wurden. Doch keiner weiß, ob nicht in den alten Melodien auch die alten Inhalte mitschwingen. Die Trobriand-Inseln sind für Ethnologen ein besonderes Fenster in die Vergangenheit. Viele Bräuche und Traditionen der Insulaner gleichen noch denen ihrer Vorfahren, die diese weltfernen Inseln vor drei- bis viertausend Jahren besiedelt haben.

# Insel der Giftriesen

Das indonesische Eiland Komodo, kaum größer als Usedom, ist die Insel der Drachen. Dort begegnete die Crew der „Starship" Waranen, prähistorischen Echsen, die drei Meter lang, 60 Kilo schwer werden und ein Wildschwein in 60 Sekunden verschlingen können. Die „letzten lebenden Saurier" sind vor 15 Millionen Jahren hier eingewandert und gelten als so gefährlich wie die Drachen aus den Märchen. Ihr Speichel enthält mehr als 50 verschiedene Bakterien, die Beutetiere töten und bei Menschen schlimme Infektionen auslösen können.

## Freund der Indianer

Er räumte ein, als Adolf Hitlers Fotograf oft an der Seite des Diktators gewesen zu sein, aber als seine wichtigste Arbeit während der Nazi-Zeit sah Hans Ertl seine Tätigkeit für Leni Riefenstahl bei den Olympischen Spielen 1936 in Berlin. Nach dem Krieg erwarb er sich Reputation mit Aufnahmen von einem Indianerstamm, der heute als ausgestorben gilt. Er starb mit 92 am 23. Oktober auf seiner Farm in Bolivien.

## Ein Auge für Paris

Vor allem mit seinen „Portraits de Paris" und Modefotos machte sich Jeanloup Sieff einen Namen. Er fotografierte aber auch die Größen aus Kunst und Kultur wie Jeanne Moreau oder François Truffaut. Sieff starb am 20. September im Alter von 66 Jahren in Paris.

## Ärztin aus der Lindenstraße

Seit 1992 verkörperte sie in der „Lindenstraße" die Ärztin Eva-Maria Sperling. Noch im Februar sagte sie vor der Kamera: „Ich bin schwerer krank, als ihr glaubt." Da wussten ihre Kollegen noch nicht, wie ernst das war. Am 27. Mai starb die 53-jährige Inga Abel in Düsseldorf.

## Viel Vergnügen in Bonn

Seinen Ritterschlag erhielt er durch Herbert Wehner, der ihn mit „Herr Lüg" angeredet hat. Ernst Dieter Lueg nannte ihn daraufhin „Herr Wöhner". Über seine Bonner Zeit sagte der TV-Journalist: „Wir hatten unendlich viel Spaß." Am 22. Mai ist Lueg im Alter von 70 Jahren gestorben.

## Streiter für den Herrn

Kein Kirchenmann im Land hatte mehr Kritiker als Johannes Dyba. Der Erzbischof von Fulda war mit seinen provokanten Äußerungen über Abtreibung, Homosexuelle oder Zölibat Reizfigur einer immer weniger religiösen Gesellschaft. Dabei durfte er sich als der Bischof fühlen, der wie kaum ein anderer die Botschaft von Papst Johannes Paul II. verstand, sie theologisch und politisch umsetzte. Dyba blieb bis zu seinem Tod am 23. Juli ein Streiter gegen den Zeitgeist. Er wurde 70 Jahre alt.

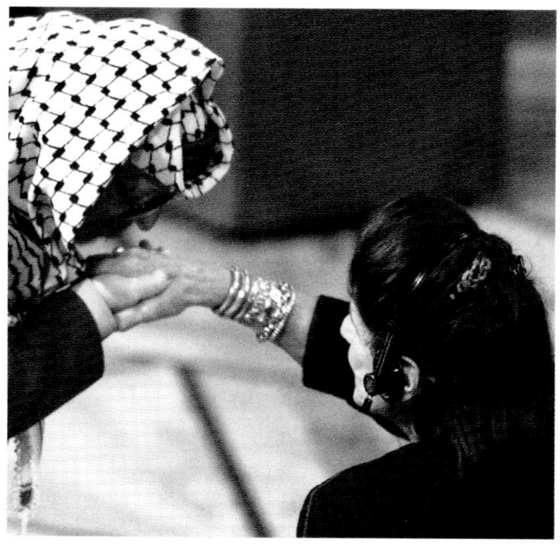

## Witwe der Nation

Nach der Ermordung ihres Mannes vor fünf Jahren wurde Lea Rabin in Israel „die Witwe der Nation" genannt. Doch nicht immer schwang in diesen Worten die Hochachtung vor einer Frau mit, die es sich zur Aufgabe gemacht hatte, das Erbe Yitzhak Rabins zu verwalten. Dennoch wurde sie zu einer weltweit anerkannten Botschafterin des Friedens und der Versöhnung mit den Palästinensern. Am 2. November starb sie im Alter von 72 Jahren.

## Auch Spaß an Satire

Der stets jugendfrische Gute-Laune-Schauspieler war nie wählerisch bei seinen Rollen, obwohl er gleich für einen seiner ersten Kinoauftritte den Bundesfilmpreis bekam. Durch Will Trempers Film „Die endlose Nacht" gelang Harald Leipnitz 1963 der Sprung in die Kinoprominenz. In der Folge hielt er es aber lieber mit Durbridge, mit Old Firehand oder Charleys Onkel. In den achtziger Jahren spielte er mehr auf Boulevardbühnen und führte auch Regie. Unvergessen sein Auftritt in Helmut Dietls satirischer Fernsehserie „Kir Royal", in der er den verwegen livrierten Diener eines Schickimicki-Lokals spielte, der sich um das Wohl seiner aufgeputzten Gäste kümmert. Er starb am 21. November im Alter von 74 Jahren.

## Provokation? Immer gern

Er wurde älter als die meisten, aber nie angepasst. Selbst in seinen letzten Lebensjahren sah sich der Soziologe Alphons Silbermann als Provokateur und Außenseiter. Der Gelehrte, der am 4. März im Alter von 90 Jahren starb, hat in seiner Wissenschaft Maßstäbe gesetzt. Er gilt als einer der Väter der deutschen Medien- und Musiksoziologie. „Im Mittelpunkt hat der Mensch zu stehen, nicht das Kollektiv", betonte der in Köln geborene Jude stets. Nach seinem Studium emigrierte er 1934. In Holland schlug er sich als Kaufmann durch, in Paris als Kellner. In Australien wurde er dann Chef einer Fast-Food-Kette. Dennoch gelang es ihm nach dem Krieg, „als Außeneinsteiger allein auf Grund meines Wissens und Könnens" wieder Fuß zu fassen und eine akademische Karriere zu starten.

## Sie wollte einfach helfen

Der breiten Öffentlichkeit wurde Christiane Herzog erst mit Amtsantritt ihres Mannes bekannt. Bei einer ganz besonderen Gruppe von Kranken, den an Mukoviszidose leidenden, war die Frau des Bundespräsidenten bereits vorher ein Begriff. 1986 hatte die Pfarrerstochter aus dem Allgäu die Mukoviszidose-Hilfe e. V. gegründet. Es sei eher ein Zufall gewesen, dass sie sich gerade für diese Menschen engagiert habe, erzählte sie einmal. Als ihr Mann noch Innenminister in Stuttgart war, besuchte sie ein erkranktes Kind. Von da an ließ die studierte Pädagogin das Schicksal derer, denen die Kraft zum Atmen fehlen kann, nicht mehr los. Christiane Herzog starb mit 63 am 19. Juni.

## Bester Bruder Barnabas

Er war der Sohn eines Volkssängers aus Tirol. In TV-Serien wie dem „Königlich Bayerischen Amtsgericht" oder „Komödienstadel" wurde er zum Bilderbuch-Bayern. Beim Bockbieranstich trat er als „Bruder Barnabas" auf. Max Grießer nahm sich am 11. August das Leben. Er wurde 71 Jahre alt.

## Kannte Ross und Reiter

Jockey wollte Adolf Furler werden, kam aber zu spät zum Vorstellungsgespräch in Berlin-Hoppegarten. So wurde er Sportreporter, gründete mit Ernst Huberty die „ARD-Sportschau" und schuf den Wettbewerb „Galopper des Jahres". Furler starb mit 67 Jahren am 30. August.

# Der Duft des Mannes

„Ich halte mich nicht für unverzichtbar", sagte Vittorio Gassman einmal über sich selbst. „Aber eine Welt ohne mich? Was macht ihr dann?" Und bei allem Hang zum Komödiantischen – ein wenig ernst meinte er das schon. Kaum ein anderer Italiener konnte Gassman als Charakterdarsteller auf der Bühne und im Film das Wasser reichen. In über hundert Filmen wirkte er mit. „Bitterer Reis", „Krieg und Frieden" und „Der Duft der Frauen" machten ihn zum Weltstar. Als einer seiner schönsten Streifen gilt „Die Familie", in dem er einen 80-Jährigen spielt, dessen Tod die raffgierige Verwandtschaft herbeisehnt. Auf der Bühne brillierte er vor allem mit Klassiker-Helden von Hamlet bis Peer Gynt. Gassman starb am 29. Juni im Alter von 77 Jahren.

# Ein Idol ging unter

Er war das Idol einer ganzen Generation. Gustav „Bubi" Scholz, in Armut aufgewachsen, baute sich mit seinen Fäusten eine Existenz auf. 1958 wurde der Berliner Europameister im Mittelgewicht. Doch mit dem Ende seiner Sportkarriere begann der Abstieg. 1984 erschoss er seine Frau durch die geschlossene Tür der Gästetoilette. Als er am 21. August im Alter von 70 Jahren in einer Seniorenresidenz an einem Brötchen erstickte, war niemand bei ihm.

# Genie verpflichtet

Den Älteren bleibt der Oscar-Preisträger Sir Alec Guinness als Offizier in „Die Brücke am Kwai", als Verwandlungskünstler in „Adel verpflichtet" und als listiger Professor in „Ladykillers" in Erinnerung. Die Jüngeren kennen den Londoner als Obi-Wan Kenobi aus „Krieg der Sterne". Diese Rolle, so sagte er, habe er nur des Geldes wegen angenommen. Tatsächlich hatte Produzent George Lucas dem Schauspieler zwei Prozent von den Einnahmen angeboten, weil er meinte, dies sei billiger als ein Honorar für den Star. Doch durch die Beteiligung an einem der erfolgreichsten Filme aller Zeiten wurde Guinness zum Millionär. Der britische Regisseur John Neame, der unter anderem Oliver Twist mit ihm drehte, sagte: „Ich habe mit ihm sechs Filme gemacht, und das waren die glücklichsten Filme meines Lebens. Er hat mir mehr über die Schauspielerei beigebracht als irgendjemand sonst." Alec Guinness starb am 5. August im Alter von 86 Jahren.

# Bauer und Minister

In seinen letzten Jahren hatte der ehemalige Bundes-Landwirtschaftsminister Josef Ertl mehrfach Schicksalsschläge hinnehmen müssen. So wurde er 1993 auf dem Hof seines Sohnes von einem Stier schwer verletzt. Dort war es auch, wo er sich Brandverletzungen zuzog, an denen er am 16. November mit 75 Jahren starb. Der FDP-Mann, Bauer von Beruf, gehörte von 1969 bis 1983 den Kabinetten dreier Bundeskanzler an.

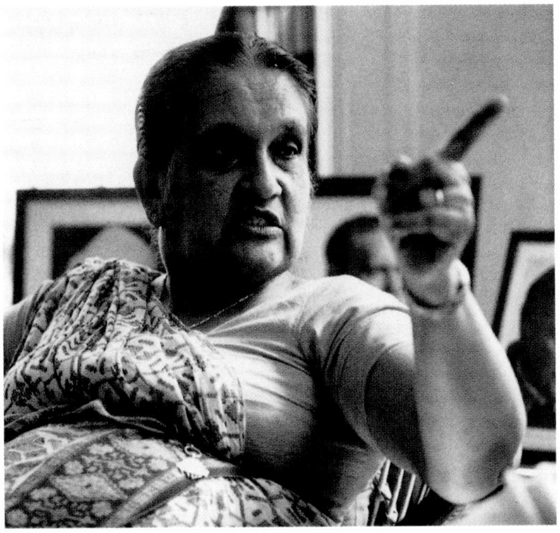

## Filmstar, Diplomat und Offizier

Der am 7. Mai im Alter von 90 Jahren gestorbene Douglas Fairbanks jr. war weit mehr als ein Filmstar. Der Amerikaner half als Diplomat, Geheimdienstler und Marineoffizier, den Kampf gegen das Nazi-Regime zu gewinnen. Dafür schlug ihn König Georg VI. zum Ritter.

## Erste Frau an der Spitze

Als weltweit erste Regierungschefin ging Sirimavo Bandaranaike in die Geschichte ein. 1959 übernahm die aus einer aristokratischen Familie stammende Frau die Führung der Freiheitspartei ihres ermordeten Mannes. Sie war dreimal Ministerpräsidentin Sri Lankas: von 1960 bis 1965, 1970 bis 1977 und 1994 bis 2000. Die überzeugte Demokratin starb am 10. Oktober im Alter von 84 Jahren.

## Erbe der Dadaisten

Ein kugelrunder Kopf mit flexiblem Mund, Trommel, Flöte und Trompete zugleich: Der Wiener Ernst Jandl zählte zu den bedeutendsten experimentellen Autoren. Wörter zerlegen oder vertauschen, Buchstaben auslassen oder Silben weglassen, das machte den am 9. Juni 74-jährig verstorbenen Büchnerpreisträger zu einem Erben der Dadaisten und Expressionisten.

## Trauer in Entenhausen

Der Schöpfer des drolligen Geizhalses Dagobert Duck war der einflussreichste Comiczeichner des 20. Jahrhunderts. Zu den von Carl Barks, Gag-Spezialist der Walt-Disney-Zeichentrick-Studios, geschaffenen Bewohnern von Entenhausen zählen auch Gustav Gans, Daniel Düsentrieb und Gundel Gaukeley. Weltbekannt wurde er durch seine Zeichnungen von Disneys Kult-Erpel Donald Duck. Barks starb am 25. August im Alter von 99 Jahren.

## Wunderbar komischer Kauz

Der schleppende Gang und die hängenden Schultern hinderten ihn lange daran, ein Star zu werden. Doch dann wurden sie Walter Matthaus Markenzeichen. Für seine Rolle in „Der Glückspilz" erhielt er einen Oscar. Auch in „Buddy Buddy" und „Extrablatt" glänzte der Komiker gemeinsam mit Jack Lemmon. Matthau starb am 1. Juli. Er wurde 79 Jahre alt.

## Kommissar aus dem Osten

In der DDR war der Schauspieler mit der knarzigen Stimme und dem markant zerfurchten Gesicht schon lange ein Star. Fast 25 Jahre spielte der Bauernsohn aus der Prignitz im Ensemble des Deutschen Theaters. Nach der Wende verhalf ihm seine

Rolle als Schweriner Kommissar Jürgen Groth in der Fernsehserie „Polizeiruf 110" zu Popularität in ganz Deutschland. Ein bisschen grummelig, ein bisschen störrisch, aber immer voller Lebensweisheit löste er seine Fälle. Kurt Böwe starb am 14. Juni im Alter von 71 Jahren in Berlin.

## Der edelste Hamlet

Zusammen mit Ralph Richardson und Laurence Olivier bildete Sir John Gielgud ein Triumvirat britischer Bühnenkönige, von denen er, der feinste, musikalischste und ironischste unter ihnen, allein übrig blieb. Am 21. Mai ist der beste Shakespeare-Darsteller seiner Zeit im Alter von 96 Jahren nahe Oxford gestorben. Er stammte aus einer Schauspieler-Dynastie, fing mit 17 im Old Vic an und spielte sich rasch in die erste Reihe. Sein Hamlet von 1934 gilt als die perfekteste Darstellung dieser Rolle. Nebenher war er noch in einer ganzen Reihe von Filmen wie „Mord im Orientexpress", „Gandhi" oder „Der Elefantenmensch" zu sehen.

## Der Martin ist nicht mehr

Als Schwiegersohn von Alfred Tetzlaff hat sich Diether Krebs in die Herzen vieler Millionen Fernsehzuschauer gespielt. Der ewig nörgelnde Rechtsausleger fand in ihm einen heftigen Widersacher, der das „Ekel" stets ideologisch zurechtrückte. Auch in der legendären ARD-Reihe „Sketchup" brachte der gebürtige Essener sein Publikum zum Lachen. Dann wechselte er das Genre und wurde in der ZDF-Serie „SOKO 5113" und in der ARD-Reihe „Tatort" Kriminalkommissar. Als pseudoalternativer Pulloverträger („Ich bin der Martin") gelang ihm sogar der Sprung in die Musik-Charts. Krebs starb am 5. Januar im Alter von 52 Jahren in Hamburg.

## Die Dinge des Lebens

Er war einer der bedeutendsten französischen Regisseure und porträtierte am liebsten den zerfallenen Kosmos der Bourgeoisie. Seinen internationalen Durchbruch schaffte Claude Sautet 1969 mit „Die Dinge des Lebens". „Ich habe mit sehr berühmten Regisseuren gedreht", sagte Romy Schneider, „doch zu Claude Sautet habe ich das tiefste Vertrauen gehabt. Er hat mir etwas über mich selbst beigebracht." Sautet starb am 22. Juli im Alter von 76 Jahren in Paris.

## Mit fremden Federn

„Man kann alle Menschen verarschen, aber nicht den Tod", sagte Konrad Kujau in einem Interview mit dem *stern* kurz vor seinem Ableben am 12. September. „Ich habe Briefe und Urkunden gefälscht, Testamente und Bilder, Autogramme und alles, was Sie sich vorstellen können, nur jetzt spüre ich, dass ich an meiner Grenze angekommen bin." Für seinen Schwindel mit den Hitler-Tagebüchern saß er drei Jahre im Gefängnis. Doch auch danach blieb er seinem Ruf treu: Er malte Kopien von Bildern namhafter Künstler. Kujau wurde 62 Jahre alt.

## Das Laufwunder aus Prag

Es ist einem Zufall zu verdanken, dass Emil Zatopek zur Leichtathletik kam. Als sein Chef in der Schuhfabrik Bata ihn 1942 zur Teilnahme an einer Cross-Veranstaltung zwingen wollte, entgegnete er trotzig: „Jetzt will ich auch gewinnen." Es war der Startschuss zu einer unvergleichlichen Karriere. Das Laufwunder aus Prag feierte vier Olympiasiege: 1948 in London über 10 000 Meter, 1952 in Helsinki über 5000 Meter, über 10 000 Meter und bei seinem ersten Marathonlauf. Drei Europameistertitel und 18 Weltrekorde waren weitere Höhepunkte seiner glanzvollen Laufbahn. Zatopek starb am 22. November im Alter von 78 Jahren.

# Gestorben im Jahr 2000

**Etienne Aigner**
95, ungarischer Lederdesigner, 5. November

**Steve Allen**
78, amerikanischer Komödiant und Erfinder der Talkshow, 1. November

**Hafez Assad**
69, syrischer Präsident, 10. Juni

**Lida Baarova**
86, tschechischer Ufa-Star, 27. Oktober

**Begum Aga Khan**
94, letzte Ehefrau von Aga Khan III., 1. Juli

**Martin Benrath**
73, Schauspieler, 31. Januar

**Joachim-Ernst Berendt**
77, Jazzkritiker, 4. Februar

**Harry Blum**
55, Kölner Oberbürgermeister, 17. März

**Alex Comfort**
80, britischer Mediziner und Bestsellerautor („The Joy of Sex"), 26. März

**Bettino Craxi**
65, früherer italienischer Ministerpräsident, 19. Januar

**Willy Droemer**
88, Verleger, 3. April

**Constanze Engelbrecht**
45, Schauspielerin, 21. Juli

**Josef Felder**
100, ehemaliger Reichstags-abgeordneter, 28. Oktober

**Fritz Fend**
80, Erfinder des Messerschmitt-Kabinenrollers, 22. November

**Gisèle Freund**
91, Fotografin, 31. März

**Götz Friedrich**
70, Regisseur und Generalintendant der Deutschen Oper Berlin, 12. Dezember

**Henri Gault**
70, französischer Gastro-Kritiker, 9. Juli

**Fred Gebhardt**
72, Alterspräsident des Bundestages, 15. August

**Friedrich Gulda**
69, österreichischer Pianist, 27. Januar

**Rolf Hädrich**
69, Regisseur, 29. Oktober

**Liane Haid**
105, österreichische Filmdiva, 28. November

**Willy Harlander**
68, Münchner Volksschauspieler, 20. April

**Ernst Hermanns**
85, Bildhauer, 28. November

**Rolf Heyne**
72, Verleger, 8. Dezember

**Rolf Kauka**
83, Vater von „Fix und Foxi", 13. September

**Joseph Keul**
67, Sportmediziner, 22. Juli

**Gustav Kilian**
92, Radrennfahrer, 20. Oktober

**Rudolf Kirchschläger**
85, früherer österreichischer Bundespräsident, 30. März

**Hedy Lamarr**
86, Schauspielerin, 19. Januar

**Ring Lardner**
85, Drehbuchautor, Oscar-Gewinner, 31. Oktober

**Michael Leckebusch**
62, Erfinder des „Beat-Clubs", 3. März

**Hans L. Merkle**
87, langjähriger Chef des Bosch-Konzerns, 22. September

**Erich Mielke**
92, ehemaliger Chef der DDR-Staats-sicherheit, 21. Mai

**Rudolf Mühlfenzl**
80, Fernsehjournalist, 16. Januar

**Keizo Obuchi**
62, früherer japanischer Ministerpräsident, 14. Mai

**John O'Connor**
80, Erzbischof von New York, 3. Mai

**Harry F. Oppenheimer**
91, südafrikanischer Diamantenhändler und Konzernchef, 19. August

**Hilmar Pabel**
90, Fotograf, 6. November

**Roger Peyrefitte**
93, französischer Skandal-Autor, 4. November

**Pierre Pflimlin**
93, französischer Politiker, 27. Juni

**Klaus Piper**
88, Verleger, 25. März

**Alain Poiré**
82, französischer Filmproduzent („Fantomas"), 15. Januar

**Baden Powell**
63, brasilianischer Gitarrist, 26. September

**Kurt Pscherer**
84, ehemaliger Chef des Münchner Staatstheaters am Gärtnerplatz, 13. April

**Jean-Pierre Rampal**
78, französischer Flöten-Virtuose und Orchesterchef, 20. Mai

**Heinz Schleußer**
64, ehemaliger Finanzminister Nord-rhein-Westfalens, 12. Juli

**Charles M. Schulz**
77, amerikanischer Karikaturist („Peanuts"), 12. Februar

**George Segal**
75, amerikanischer Pop-Art-Bildhauer, 9. Juni

**Anatolij Sobtschak**
62, russischer Reformer, 20. Februar

**Franz Stadler**
86, langjähriger ADAC-Präsident, 2. März

**Andrzej Szczypiorski**
72, polnischer Schriftsteller, 16. Mai

**Noboru Takeshita**
76, früherer japanischer Regierungschef, 19. Juni

**Fritz Thiedemann**
81, Springreiter, 8. Januar

**Pierre Trudeau**
80, ehemaliger kanadischer Premier, 28. September

**Roger Vadim**
72, Filmregisseur („Und immer lockt das Weib"), 11. Februar

**Klaus Wennemann**
59, Schauspieler, 7. Januar

**Lothar Winkler**
73, Berliner Promi-nenten-Fotograf, 26. Oktober

**Loretta Young**
87, amerikanische Filmschauspielerin, 12. August

# Das war 2000

Eine Chronik der wichtigsten Ereignisse des Jahres

# Januar

Jahrtausend-Sprung: Die Computer machten mit

Nicht obenauf: Schmitt unterliegt den Österreichern

**1. Januar**

**Millennium**
Computer-Fachleute in aller Welt sind erleichtert, dass die Umstellung der Daten auf die Jahreszahl 2000 nicht das befürchtete Chaos angerichtet hat. Fast überall auf der Erde bleiben die Lichter an, landen die Flugzeuge sicher, und die Wasserversorgung arbeitet normal.

**2. Januar**

**Bergschaden**
In Wattenscheid versackt eine Garage samt Auto in einem 40 Meter tiefen Loch, weil plötzlich das Erdreich über einer ehemaligen Schachtanlage nachgibt. Verletzt wird niemand. Später versinkt eine weitere Garage in dem rund 500 Quadratmeter großen Loch. Ursache ist vermutlich der Einsturz eines alten, illegalen Bergbaustollens.

**3. Januar**

**Politik**
In der CDU-Parteispendenaffäre nimmt die Bonner Staatsanwaltschaft Ermittlungen gegen Altkanzler Helmut Kohl auf. Es besteht der Anfangsverdacht der Untreue. Kohl hat nach eigenem Eingeständnis zwischen 1993 und 1998 bis zu zwei Millionen Mark in bar entgegengenommen und auf Schwarzkonten eingezahlt. Die Namen der Spender will er nicht nennen.

**Ausland**
Bei den Parlamentswahlen in Kroatien unterliegt die bislang regierende Rechts-Partei HDZ des verstorbenen Präsidenten Franjo Tudjman einem breiten Oppositionsbündnis.

**4. Januar**

**Ausland**
Bei Åsta, 150 Kilometer nördlich von Oslo, rasen auf eingleisiger Strecke zwei Züge ineinander und geraten in Brand. 19 Menschen sterben. Ein Zugführer hatte ein Stoppsignal übersehen.

Norwegen: 19 Tote beim Zusammenstoß von zwei Zügen

**6. Januar**

**Sport**
Österreich ist wieder narrisch. Die Alpenrepublik feiert am Dreikönigstag in Bischofshofen einen sportlichen Prestige-Sieg gegen die deutsche Konkurrenz. Andreas Widhölzl gewinnt vor 25 000 Zuschauern die 48. Vierschanzentournee der Skispringer und entscheidet das Duell gegen Weltmeister Martin Schmitt klar zu seinen Gunsten.

**9. Januar**

**Politik**
Der 62-jährige Düsseldorfer Unternehmer Paul Spiegel wird in Berlin zum neuen Präsidenten des Zentralrats der Juden in Deutschland gewählt.

**Politik**
Arbeitgeber, Gewerkschaften und Bundesregierung schaffen nach monatelangem Stillstand einen Durchbruch im „Bündnis für Arbeit". Sie verständigen sich darauf, Wege für den vorzeitigen Ausstieg aus dem Arbeitsleben zu finden.

**10. Januar**

**Fusion**
Der weltgrößte Internetanbieter America Online (AOL) und der US-Medienkonzern Time Warner kündigen den Zusammenschluss an. Das neue Unternehmen soll AOL Time Warner heißen.

**Politik**
Der CDU-Vorsitzende Wolfgang Schäuble gibt zu, 1994 vom Geschäftsmann Karlheinz Schreiber 100 000 Mark in bar angenommen zu haben. Am 31. Januar muss der Politiker entgegen früheren Angaben ein zweites Treffen mit dem Waffenhändler einräumen.

**11. Januar**

**Bundeswehr**
Frauen dürfen in Deutschland künftig bei der Bundeswehr Dienst mit der Waffe leisten. Der Europäische Gerichtshof erklärt das bisherige Verbot für rechtswidrig.

**12. Januar**

**Sport**
Das Berliner Landgericht verurteilt den früheren Schwimmverbandsarzt Lothar Kipke wegen systematischen Dopings im DDR-Sport zu einer Haftstrafe von einem Jahr und drei Monaten auf Bewährung. Der 72-Jährige habe sich durch sein Mitwirken an der Vergabe von Anabolika an minderjährige Schwimmerinnen in 58 Fällen der Körperverletzung schuldig gemacht.

**Ausland**
Das Todesurteil gegen PKK-Chef Abdullah Öcalan wird vorerst nicht vollstreckt. Die türkische Regierungskoalition will eine Entscheidung des Europäischen Gerichtshofs für Menschenrechte abwarten.

**Ausland**
Großbritannien lässt künftig Homosexuelle als Soldaten zu. Verteidigungsminister Geoff Hoon sagt in London, er habe das Verbot mit sofortiger Wirkung aufgehoben. Hoon reagiert damit auf ein Urteil des Europäischen Gerichtshofs für Menschenrechte.

## 13. Januar

**Justiz**
Egon Krenz, letzter Staats- und Parteichef der DDR, muss im Berliner Gefängnis Hakenfelde eine sechseinhalbjährige Haftstrafe antreten. Er ist rechtskräftig wegen Totschlags an vier DDR-Flüchtlingen verurteilt.

**Wirtschaft**
Bill Gates gibt die Geschäftsführung von Microsoft an seinen bisherigen Vize Steve Ballmer ab, bleibt aber Vorsitzender des Verwaltungsrats.

**Medizin**
In Lyon nähen Ärzte einem 33-jährigen Franzosen beide Hände sowie die vorderen Teile der Unterarme eines Organspenders an. Die weltweit einmalige Transplantation dauert 17 Stunden. Dem Patienten waren 1996 bei einer Explosion von Feuerwerksraketen beide Unterarme abgerissen worden.

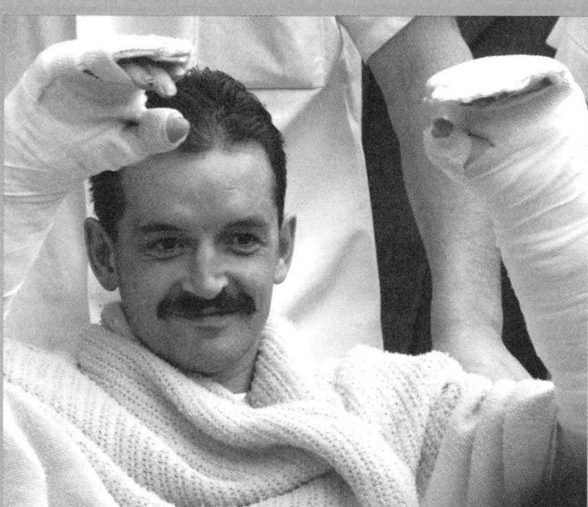
Angenäht: neue Arme für einen Franzosen

## 14. Januar

**Politik**
Die hessische CDU gibt die Existenz eines schwarzen Auslandskontos zu, von dem Millionenbeträge an den Landesverband transferiert worden sind. Damit korrigiert die Partei die bisherige Darstellung, ihr seien 13 Millionen Mark aus anonymen jüdischen Vermächtnissen zugeflossen. Der frühere Landesvorsitzende und Ex-Bundesinnenminister Manfred Kanther nimmt alle Schuld auf sich. Sein Nachfolger Roland Koch habe nichts davon gewusst. Als Konsequenz kündigt Kanther am 17. Januar die Niederlegung seines Bundestagsmandats an.

Frei: Iran lässt nach mehr als zwei Jahren Haft den Kaufmann Helmut Hofer gehen

Kassenwart: Kanther steht hinter Koch

## 15. Januar

**Medizin**
In einer Klinik in Würzburg stirbt eine an Lassa-Fieber erkrankte 23-jährige Studentin aus Schwäbisch Hall. Es ist der erste bekannt gewordene Todesfall von Lassa-Fieber in Deutschland. Die Studentin war Anfang Januar von einer Reise nach Westafrika zurückgekehrt.

**Ausland**
Der serbische Milizenführer Zeljko Raznjatović („Arkan“) wird in einem Belgrader Hotel von Unbekannten erschossen. Wegen zahlreicher Verbrechen im ehemaligen Jugoslawien sollte er sich vor dem UN-Kriegsverbrechertribunal in Den Haag verantworten.

**Ausland**
In Mailand müssen elf zu lebenslanger Haft verurteilte Mafia-Killer aus dem Gefängnis entlassen werden, weil die italienische Justiz zu langsam arbeitet. Unter den Freigelassenen ist auch Tonio Schettini, der 59 Morde gestanden hat. Das Gericht hatte es versäumt, das Berufungsverfahren gegen die Mafiosi fristgerecht zu eröffnen.

## 16. Januar

**Adel**
Ernst August Prinz von Hannover gibt zu, auf der Ferieninsel Lamu in Kenia einen deutschen Disco-Besitzer wegen Lärmbelästigung verprügelt zu haben. Er habe „große Freude gehabt“, den Mann zu schlagen.

**Ausland**
Chile hat erstmals seit 27 Jahren wieder einen sozialistischen Präsidenten. Ricardo Lagos gewinnt die Stichwahl gegen den rechtspopulistischen Kontrahenten Joaquín Lavín mit 51,3 Prozent.

## 18. Januar

**Politik**
Die CDU-Spendenaffäre führt zu einem Bruch der Partei mit Helmut Kohl. Der Altbundeskanzler legt den Ehrenvorsitz nieder, nachdem ihn die Führungsgremien aufgefordert hatten, das Amt ruhen zu lassen, bis er die Namen seiner Millionenspender genannt hat. Dies lehnt Kohl ab, weil er denen sein Ehrenwort gegeben habe.

## 20. Januar

**Ausland**
Der deutsche Geschäftsmann Helmut Hofer kommt nach 28 Monaten Haft im Iran frei. Er war 1997 wegen angeblich sexueller Kontakte zu einer Muslimin zum Tode verurteilt worden. Das Urteil wurde später aufgehoben.

## 21. Januar

**Ausland**
In Ecuador stürmen Indios zusammen mit einer Gruppe Soldaten das Parlament und rufen eine „Junta zur nationalen Rettung“ aus. Die Militärführung bringt den bisherigen Vizepräsidenten Gustavo Noboa an die Macht.

## 24. Januar

**Mode**
Claudia Schiffer gibt bekannt, dass sie sich mit dem britischen Geschäftsmann Tim Jeffries verlobt hat. Die Beziehung hält nur neuneinhalb Monate. Am 10. November bestätigt das deutsche Model die Trennung. „Ich bin Single“, sagt die 30-Jährige dem RTL-Magazin „Exclusiv“.

**Adieu: Jil Sander gibt auf**

**Mode**
Die Hamburger Modedesignerin Jil Sander zieht sich aus der Führung des von ihr gegründeten Unternehmens zurück. Vorstandsvorsitzender wird Patrizio Bertelli, zugleich Chef der Mailänder Prada-Gruppe, mit dem sie heftige Auseinandersetzungen über die künftige Linie hatte.

### 26. Januar

**Politik**
Der nordrhein-westfälische Finanzminister Heinz Schleußer (SPD) tritt zurück, nachdem bekannt geworden war, dass er zweimal zusammen mit einer Freundin einen von der WestLB gecharterten Jet benutzt hatte. Vier Tage später muss auch Bundespräsident Johannes Rau einräumen, „in wenigen Fällen“ Dienstflüge für Parteitermine genutzt zu haben.

### 30. Januar

**Flugzeugabsturz**
Gleich nach dem Start stürzt ein Airbus A-310 der Kenya Airways vor der Elfenbeinküste ins Meer. 169 Menschen finden dabei den Tod.

### 31. Januar

**Flugzeugabsturz**
Vor der kalifornischen Küste rast eine Maschine der Alaska Airlines im Sturzflug in den Pazifik. Alle 88 Insassen sterben.

# Februar

### 1. Februar

**Ausland**
Nach wochenlangem Bombardement rückt die russische Armee in Grosnyj ein und bringt große Teile der Stadt unter Kontrolle. Die Rebellen ziehen sich nach eigenen Angaben aus der Stadt zurück. US-Außenministerin Madeleine Albright betont bei einem Besuch in Moskau, dass es keine militärische Lösung des Tschetschenienkonflikts geben könne. Die Konfliktparteien müssten sich an den Verhandlungstisch setzen.

### 3. Februar

**Ausland**
In Italien wird kommerzielle Parteienwerbung im Fernsehen während des Wahlkampfes verboten.

**Wirtschaft**
Die Autoindustrie trägt künftig die Hauptlast bei der Verwertung von Altfahrzeugen in der Europäischen Union. Die Eigentümer schrottreifer Wagen sollen nicht zur Kasse gebeten werden. Bei der Abstimmung im Europaparlament in Brüssel folgen die Abgeordneten im Wesentlichen einer Entscheidung des EU-Ministerrates.

### 4. Februar

**Fusion**
Nach spektakulärer Übernahmeschlacht schluckt die britische Vodafone AirTouch die Mannesmann AG. Der mit einem Wert von fast 400 Milliarden Mark teuerste Firmenzusammenschluss aller Zeiten findet auch die Zustimmung des Mannesmann-Aufsichtsrats in Düsseldorf. Die Vereinbarung sieht vor, dass die Aktionäre von Mannesmann mit 49,5 Prozent am neuen Konzern beteiligt werden.

**Top: Gent von Vodafone**

**Wiener Melange: Schüssel macht's mit Haider**

**Ausland**
Trotz internationaler Proteste vereidigt Österreichs Bundespräsident Thomas Klestil das rechtskonservative Regierungsbündnis aus ÖVP und FPÖ. Neuer Bundeskanzler wird Wolfgang Schüssel (ÖVP). Deutschland und die übrigen EU-Partnerstaaten setzen ihre in Lissabon angedrohten Maßnahmen zur diplomatischen Isolierung Österreichs in Kraft. Israel zieht seinen Botschafter aus Wien ab.

**Medizin**
Der französische Präsident Jacques Chirac und Wissenschaftler aus aller Welt unterzeichnen in Paris als Erste eine „Charta gegen den Krebs“. Ziel der Initiative ist es, Experten, Politiker und medizinische Laien weltweit zum Kampf gegen Krebserkrankungen zu mobilisieren. Vorbeugung, Behandlung und die Pflege der erkrankten Menschen sollen verbessert werden.

### 5. Februar

**Bahn**
Das umstrittene Transrapid-Projekt Berlin–Hamburg wird nach jahrelangen Beratungen endgültig zu den Akten gelegt. Verkehrsminister Reinhard Klimmt, Bahnchef Hartmut Mehdorn sowie die Vertreter der Industrieunternehmen Thyssen-Krupp, Siemens und Adtranz erklären nach einem dreistündigen Gespräch in Frankfurt das Aus.

### 6. Februar

**Ausland**
In Finnland gewinnt die Sozialdemokratin Tarja Halonen die Präsidentschaftswahl und wird das erste weibliche Staatsoberhaupt des Landes.

**Zugunglück**
Bei der schwersten Eisenbahnkatastrophe in Deutschland seit dem ICE-Unglück von Eschede im Juni 1998 entgleist

der Nachtexpress von Amsterdam nach Basel im Bahnhof Brühl bei Köln mit Tempo 122 an einer Weiche. Neun Menschen sterben, 149 werden verletzt. Nach dem Unglück wächst die Kritik an der Bahn, weil der 28-jährige Zugführer eine verkürzte Ausbildung hatte.

**Ausland**
Mit dem ersten von vier autofreien Sonntagen läuft in 150 Städten Italiens die Aktion „Sonntag zu Fuß" an. Rund 18 Millionen Italiener lassen ihre Autos stehen und bevölkern die sonst vom Verkehr verstopften Innenstädte mit Fahrrädern und Inline-Skates.

## 7. Februar

**Ausland**
Bei der Präsidentenwahl in Kroatien gewinnt der Zentrumspolitiker Stipe Mesić. Er wird Nachfolger des verstorbenen Franjo Tudjman.

**Ausland**
Der jugoslawische Verteidigungsminister Pavle Bulatović wird in einem Belgrader Hotel von Unbekannten mit Schüssen in den Rücken ermordet.

## 8. Februar

**Politik**
Hessens Ministerpräsident Roland Koch gibt zu, bei der Aufklärung der CDU-Finanzaffäre gelogen zu haben. Er gesteht ein, mit seiner Billigung seien 1,5 Millionen Mark aus schwarzen Kassen nachträglich als Darlehen deklariert worden. Koch entschuldigt sich für seine falschen Angaben, lehnt einen Rücktritt jedoch ab.

## 9. Februar

**Ausland**
Die Arbeiterpartei Kurdistans (PKK) schwört offiziell dem bewaffneten Kampf gegen den türkischen Staat ab. In Zukunft soll es nur noch „Volksverteidigungskräfte" geben.

**Flugzeugentführung: Afghanen ergeben sich in London**

## 10. Februar

**Ausland**
Auf dem Flughafen London-Stansted geht nach vier Tagen die Entführung eines afghanischen Flugzeugs unblutig zu Ende. 79 Afghanen – außer den Entführern viele Fluggäste – erbitten Asyl.

## 11. Februar

**Medien**
Die kostenlose Morgenzeitung „20 Minuten Köln" darf nach einem Urteil des Berliner Kammergerichts verbreitet werden. Es hat eine vom Landgericht bestätigte einstweilige Verfügung aufgehoben und damit den Antrag des Axel Springer Verlages abgewiesen, der einen Verstoß gegen das Wettbewerbsrecht sah.

**Ausland**
Weil die nordirische IRA bislang keine Waffen abgegeben hat, übernimmt die britische Regierung wieder die Direktherrschaft über die Provinz Nordirland. Vier Tage später zieht sich die IRA aus den Gesprächen über eine Entwaffnung der paramilitärischen Gruppen zurück.

## 13. Februar

**Versöhnung**
Zum 55. Jahrestag der Zerstörung Dresdens durch alliierte Bombenangriffe übergibt der Herzog von Kent dem Dresdener Landesbischof eine Nachbildung des vergoldeten Kuppelkreuzes der Frauenkirche. Die britische Bevölkerung hatte hierfür rund eine Million Mark gespendet.

## 14. Februar

**Sport**
Sven Hannawald aus Hinterzarten krönt im norwegischen Vikersund mit dem Titelgewinn bei der Skiflug-Weltmeisterschaft sein Comeback. Mit 179,5 Metern holt sich der Schwarzwälder Skispringer überlegen die Goldmedaille.

## 15. Februar

**Politik**
Die CDU muss wegen eines fehlerhaften Rechenschaftsberichts mehr als 41 Millionen Mark an Bundeszuschüssen zurückzahlen. Das gibt Bundestagspräsident Wolfgang Thierse bekannt.

## 16. Februar

**Versöhnung**
Bundespräsident Johannes Rau bittet in einer historischen Rede vor dem israelischen Parlament um Vergebung für die Verbrechen der Nationalsozialisten. Er mahnt die nachfolgende Generation, die Erinnerung zu bewahren. Es ist das erste Mal, dass ein deutsches Staatsoberhaupt zu den Abgeordneten der Knesset spricht.

**Politik**
Nach einer dramatischen Nachtsitzung des CDU-Fraktionsvorstands kündigt Parteichef Wolfgang Schäuble den Rückzug von seinen Führungsämtern an. Er wolle „einen sichtbaren, also auch persönlichen Neuanfang" möglich machen. Am Tag darauf sagt sein Bruder Thomas, Innenminister von Baden-Württemberg, deutliche Worte: „Ich verabscheue Herrn Kohl. Da kann ich für die ganze Familie sprechen."

## 17. Februar

**Computer**
Der Software-Hersteller Microsoft stellt in San Francisco sein neues Betriebssystem Windows 2000 vor. Das Programm gilt mit einem Entwicklungsaufwand von zwei Milliarden Dollar als größtes kommerzielles Software-Projekt der Computergeschichte.

## 19. Februar

**Ausland**
In Wien demonstrieren bei einer der größten Protestkundgebungen der österreichischen Nachkriegsgeschichte mehr als 100 000 Menschen gegen die neue konservative Regierung und den Rechtspopulisten Jörg Haider.

**Musik**
Stefan Raab gewinnt die deutsche Vorentscheidung zum „Grand Prix d'Eurovision de la Chanson". Der Musiker und Show-Master setzt sich mit seiner Nummer „Wadde Hadde Dudde Da" mit mehr als 57 Prozent der Stimmen durch. Die telefonische Abstimmung in der ARD-Sendung erreicht einen

**Totenehrung: Johannes Rau und Frau Christina am Grab von Yitzhak Rabin**

Rekord von 1,5 Millionen Teilnehmern.

**20. Februar**

**Film**
Der amerikanische Film „Magnolia“ von Paul Thomas Anderson gewinnt den Goldenen Bären der 50. Internationalen Filmfestspiele von Berlin. Wim Wenders’ „The Million Dollar Hotel“ wird mit einem Silbernen Bären ausgezeichnet.

**21. Februar**

**Medien**
Deutschland hat eine neue Tageszeitung. Nach einem Jahr Vorbereitung liegt die „Financial Times Deutschland“ am Kiosk. Das lachsfarbene Blatt wird vom Hamburger Verlag Gruner + Jahr und der britischen Pearson-Gruppe herausgegeben. Es ist die erste Gründung einer überregionalen deutschen Tageszeitung seit der der „taz“ 1979.

FINANCIAL TIMES
DEUTSCHLAND
Bush klagt sich ins Weiße Haus

Neu: deutsche Ausgabe

**24. Februar**

**Politik**
Bundeskanzler Schröder überrascht Gewerkschaften und Arbeitgeber mit dem Vorschlag, ausländische High-Tech-Experten als Gastarbeiter nach Deutschland zu holen. Er erntet damit Zustimmung bei der Industrie, aber auch Kritik. Die Bundesanstalt für Arbeit erklärt, es gebe ein unausgeschöpftes Potenzial an deutschen Fachkräften.

Heide bleibt in Kiel: Schröder strahlt mit Simonis

**Ausland**
Eine als „schwarze Witwe“ bekannt gewordene 62-Jährige wird in Texas hingerichtet, die vierte Frau seit der Wiedereinführung der Todesstrafe 1976. Sie stirbt im Staatsgefängnis von Huntsville durch eine Giftspritze. Die Texanerin soll Anfang der 80er Jahre zwei Ehemänner ermordet haben.

**25. Februar**

**Drogen**
Die so genannten Fixerstuben sind künftig legal. Das Gesetz der Bundesregierung findet im zweiten Anlauf auch die Billigung des Bundesrates.

**Ausland**
Vier weiße New Yorker Polizisten, die vor einem Jahr einen unbewaffneten afrikanischen Einwanderer mit 41 Schüssen getötet hatten, werden von allen Vorwürfen freigesprochen. Die Entscheidung der Geschworenen löst im Armenviertel Bronx Empörung aus.

**27. Februar**

**Politik**
Die rot-grüne Koalition gewinnt die Landtagswahl in Schleswig-Holstein. Die SPD erreicht 43,1 Prozent. Die Grünen büßen zwar Stimmen ein, überspringen aber mit 6,2 Prozent die Fünf-Prozent-Hürde. Die vom Spendenskandal gebeutelte CDU kommt nur auf 35,2 Prozent der Stimmen.

**28. Februar**

**Kriminalität**
Drei jugendliche US-Amerikaner im Alter von 14, 17 und 18 Jahren gestehen, in der Nähe von Darmstadt kiloschwere Steine von einer Brücke auf vorbeifahrende Autos geworfen zu haben. Bei den Anschlägen starben zwei Menschen, fünf wurden zum Teil schwer verletzt.

**Ausland**
Russische Rettungskräfte holen in einer dramatischen Aktion 911 Eisfischer auf dem Ladoga-See nahe Sankt Petersburg von Eisschollen. Die hatten sich bei Tauwetter gelöst und trieben 14 Kilometer vom Ufer entfernt.

**29. Februar**

**Politik**
Friedrich Merz wird mit großer Mehrheit zum neuen Vorsitzenden der CDU/CSU-Bundestagsfraktion gewählt. Er wird Nachfolger von Wolfgang Schäuble.

**Sport**
Der FC Bayern München gewinnt in der Champions League gegen Real Madrid 4:2. Es ist der erste Sieg einer deutschen Fußballmannschaft im Estadio Santiago Bernabéu.

# März

**1. März**

**Ausland**
In Mosambik beginnt eine groß angelegte internationale Hilfsaktion, weil die Lage in dem überschwemmten Land immer schlimmer wird. Durch das Jahrhundert-Hochwasser ist die Lebensgrundlage von mindestens einer Million Menschen zerstört.

**Fernsehen**
Der Sender RTL 2 präsentiert zum „Big Brother“-Start die zehn Kandidaten. Sie ziehen in einen 153 Quadratmeter großen Container. Kameras beobachten sie 100 Tage und Nächte.

**Medien**
Der Saarländische Landtag nimmt einstimmig die als „Lex Lafontaine“ bekannt gewordene Verschärfung des Presserechts zurück. Das 1994 erlassene Gesetz hatte im Saarland an Gegendarstellungen gehängte „Redaktionsschwänze“ untersagt.

**2. März**

**Ausland**
Der chilenische Ex-Diktator Augusto Pinochet reist nach gut 16 Monaten Hausarrest in Großbritannien in sein südamerikanisches Heimatland aus. Ein spanischer Ermittlungsrichter scheiterte mit dem Antrag, den 84-Jährigen für einen Prozess wegen Folter und anderer Verbrechen während seiner von 1973 bis

Chile: Pinochet kommt

1990 dauernden Militärherrschaft nach Spanien auszuliefern.

## 3. März

**Kriminalität**
Das Frankfurter Landgericht verurteilt zwei Beamte des Bundesgrenzschutzes wegen Drogenschmuggels zu Haftstrafen von sechs Jahren und drei Monaten beziehungsweise vier Jahren und drei Monaten. Sie waren im August 1999 gefasst worden, als sie eine von der Rauschgiftfahndung fingierte Kokainlieferung in einem Koffer durch die Zollkontrolle am Frankfurter Flughafen schleusten. Der Fall hatte umfangreiche Ermittlungen auch gegen andere BGS-Beamte ausgelöst.

## 4. März

**Politik**
Trotz starken Drucks der Bundespartei steht die hessische FDP weiter zu dem der Lüge überführten CDU-Ministerpräsidenten Roland Koch. Ein Sonderparteitag der Liberalen spricht sich mit deutlicher Mehrheit für eine Fortsetzung des Regierungsbündnisses aus.

## 5. März

**Wissenschaft**
Schottische Forscher klonen erstmals nach dem 1997 bei dem berühmten Schaf Dolly angewandten Vervielfältigungsverfahren Schweine aus einer erwachsenen Sau. Nach Informationen der Firma PPL Therapeutics in Edinburgh werden fünf gesunde identische Ferkel geboren.

**Sport**
Martin Schmitt vom SC Furtwangen gewinnt im finnischen Lahti zum zweiten Mal hintereinander den Skisprung-Weltcup. Der 22-jährige Schwarzwälder erringt auf der Großschanze mit 121,5 und 124,5 Metern seinen elften Erfolg der Saison.

**Zum Weltkulturerbe erhoben: Museumsinsel in Berlin**

## 6. März

**Umwelt**
Die Eisschichten auf der Erde schmelzen wie noch nie, seit es regelmäßige Messungen gibt. Das geht aus einer Zusammenstellung wissenschaftlicher Daten hervor, die das Worldwatch-Institut in Washington veröffentlicht.

## 8. März

**Sport**
Beim FC Bayern München ist die Ära Lothar Matthäus endgültig vorbei. Zum Abschied in seinem 400. Pflichtspiel bereiten 59 000 Besucher dem beinahe 39-Jährigen im Duell der Champions mit Real Madrid die verdiente große Bühne. Die Bayern gewinnen 4:1.

**Kriminalität**
Die 28-jährige Antje K. aus Mühltroff in Sachsen muss für 13 Jahre und sechs Monate ins Gefängnis. Das Schwurgericht Chemnitz sieht es als erwiesen an, dass sie zwischen 1993 und 1999 ihre drei Neugeborenen erstickt, in Plastikbeutel eingewickelt und die ganze Zeit in einer Tiefkühltruhe verwahrt hat.

## 9. März

**Politik**
Altkanzler Helmut Kohl präsentiert eine Liste mit 30 Personen, die der CDU rund sechs Millionen Mark spenden wollen, um die Strafgelder für Kohls illegale Finanzierungspraktiken zu decken. Zu den Geldgebern gehören Michael Holm, Uschi Glas, Dieter Thomas Heck, Heiner Lauterbach, Leo Kirch und der den Sozialdemokraten nahe stehende „WAZ"-Verleger Erich Schumann.

**Familiendrama**
In der Nähe von Halle wird ein 42-Jähriger festgenommen, der wegen Mietschulden seine Ehefrau und vier Kinder erschlagen und anschließend einen Selbstmordversuch unternommen hatte.

## 10. März

**Kultur**
Berlin feiert die Aufnahme der Museumsinsel als „Berlinische Akropolis" in die Unesco-Welterbeliste. Damit wird das einzigartige Ensemble von Museumsbauten gewürdigt, das die Entwicklung des Museums-Designs über mehr als ein Jahrhundert illustriert.

## 11. März

**Ausland**
Bei einem Grubenunglück im Kohlerevier Donbass in der Ukraine kommen 80 Bergleute ums Leben.

## 12. März

**Kirche**
Als erster Papst legt Johannes Paul II. ein umfassendes Schuldbekenntnis („Mea Culpa") zu den Sünden der Kirche ab. In einem historischen Akt im Petersdom in Rom beklagt er die Leiden der Juden, Gewalt gegen Andersgläubige und rassistische Diskriminierung in der 2000-jährigen Kirchengeschichte.

**Ausland**
Bei den Parlamentswahlen in Spanien gewinnt Ministerpräsident José María Aznar mit seiner konservativen Volkspartei (PP) die absolute Mehrheit. Die Sozialisten (PSOE) erzielen ihr schlechtestes Ergebnis seit 20 Jahren.

**Ausland**
Erstmals seit Beginn des Tschetschenienkonflikts nehmen russische Truppen in einem Dorf rund 50 Kilometer östlich von Grosnyj mit Salman Radujew einen Anführer der Rebellen gefangen. Radujew werden Geiselnahmen, Bombenanschläge und ein Attentat auf den georgischen Präsidenten Eduard Schewardnadse angelastet.

## 13. März

**Börse**
Mit einem Kursanstieg von mehr als 140 Prozent starten die Aktien des Chipherstellers Infineon. Viele deutsche Kleinanleger sind frustriert: Wegen 33-facher Überzeichnung der neuen Aktie gehen sie leer aus.

**Wirtschaft**
In der Automobilbranche entsteht durch eine Allianz des weltgrößten Herstellers General Motors (GM) mit dem italienischen Fiat-Konzern eine neue Macht. Die beiden Unternehmen geben in Turin bekannt, dass sie milliardenschwere Aktienpakete tauschen und in Europa und Lateinamerika gemeinsam Motoren und Fahrzeugteile bauen wollen.

**Vor Gericht: Mutter, die drei Neugeborene erstickte**

## 15. März

**Ausland**
25 Jahre nach Kriegsende streben die USA und Vietnam eine militärische Zusammenarbeit an. Zum Abschluss der als historisch geltenden drei-

**Hoher Besuch: US-Minister Cohen in Vietnam**

tägigen Reise in das südostasiatische Land sichert US-Verteidigungsminister William Cohen der kommunistischen Führung seine Unterstützung in Fragen der regionalen Sicherheit zu.

### Ernährung

Das Europaparlament in Straßburg schafft das Reinheitsgebot für Schokolade ab. Neben Kakaobutter dürfen in Zukunft auch andere Fette wie Palmöl beigemischt werden.

## 16. März

### Wirtschaft

Der BMW-Konzern trennt sich nach immensen Verlusten von seiner britischen Tochter Rover. Der Aufsichtsrat stimmt dem Verkauf der Marken Rover und MG an den britischen Finanzinvestor Alchemy Partners zu.

### Bildung

Der Amerikaner Michael Saylor stiftet 100 Millionen Dollar zur Gründung einer Online-Universität. Er will allen Lernwilligen der Welt damit ein kostenloses Bildungsangebot machen. Als Gast-Professoren möchte Saylor „Genies und die geistige Elite der Welt" engagieren.

### Ausland

Nach dem Grundsatz Auge um Auge verurteilt ein pakistanisches Gericht den Mörder von 100 Jungen: Er wird erdrosselt, seine Leiche zerstückelt und in Säure geworfen. Auf dieselbe Weise soll Javed Iqbal in Lahore seine obdachlosen Opfer getötet haben.

## 17. März

### Medien

Das Medienunternehmen Bertelsmann teilt den Verkauf seiner 50-prozentigen Beteiligung an AOL Europe an seinen US-Partner AOL Inc. mit. Den Verkaufserlös von etwa 16,5 Milliarden Mark will der Konzern für den Ausbau neuer E-Commerce-Unternehmen verwenden.

### Ernährung

Britisches Rindfleisch darf ungeachtet der nicht gelösten BSE-Probleme wieder in Deutschland verkauft werden. Der Bundesrat stimmt mit einer Mehrheit von 39 gegen 30 Stimmen einer entsprechenden Verordnung zu.

### Ausland

Mindestens 530 Anhänger der Weltuntergangssekte „Bewegung für die Wiedereinsetzung der Zehn Gebote Gottes" in Uganda begehen gemeinsam Selbstmord. Sie hatten zuvor in einem abgelegenen Dorf nahe der Grenze zur Demokratischen Republik Kongo ihre Kirche in Brand gesteckt.

### Ausland

Die Witwe des italienischen Modeunternehmers Maurizio Gucci wird in Mailand zu 26 Jahren Haft verurteilt. Das Berufungsgericht spricht die 51 Jahre alte Patrizia Reggiani schuldig, den Mord an ihrem Mann in Auftrag gegeben zu haben.

## 18. März

### Ausland

In Taiwan gewinnt der Kandidat der Opposition, Chen Shui-bian, die Präsidentschaftswahlen. Damit stellt erstmals seit über 50 Jahren nicht mehr die nationalistische Kuomintang-Partei den Präsidenten.

**Taiwan: Oppositionskandidat Chen Shui-bian am Ziel**

**Oh, Gott: Verrisse für Sylvester Stallone und Madonna**

## 22. März

### Ausland

Bei der Explosion einer Öl-Pipeline in Nigeria kommen mindestens 50 Menschen ums Leben. Bewohner des Niger-Deltas hatten die Leitung angezapft, um den Treibstoff auf dem Schwarzmarkt zu verkaufen.

## 23. März

### Wirtschaft

Der Vorstand des Internationalen Währungsfonds wählt den Deutschen Horst Köhler einstimmig zum neuen Generaldirektor. Damit geht ein monatelanges Gerangel um den Spitzenposten zu Ende. Dabei war der deutsche Finanz-Staatssekretär Caio Koch-Weser am Widerstand der USA gescheitert.

### Europa

Die Europäische Union will innerhalb von zehn Jahren als Wirtschaftsmacht die Weltspitze erobern. Darauf verständigen sich die EU-Regierungschefs bei ihrem Gipfel in Lissabon. Bundeskanzler Schröder strebt an, die USA auf den Gebieten Internet und neue Technologien auf den zweiten Platz zu verweisen.

## 25. März

### Kultur

Madonna und Sylvester Stallone werden in Los Angeles zu den „schlechtesten Schauspielern des Jahrhunderts" gekürt. Ihnen wird in Abwesenheit eine „Goldene Himbeere" verliehen.

### Ausland

Die weißrussische Polizei geht mit großer Härte gegen eine nicht genehmigte Demonstration vor. Sie verhaftet mehr als 200 Gegner des autoritären Präsidenten Alexander Lukaschenko und etwa 30 ausländische Journalisten.

**Happy: Putin Präsident**

## 26. März

### Ausland

Wladimir Putin wird im ersten Wahlgang zum Präsidenten Russlands gewählt. Er bekommt bei dem gut inszenierten Urnengang auf Anhieb mehr als 52 Prozent der Stimmen.

### Film

Mit fünf Oscars setzt sich der Film „American Beauty" bei der 72. Verleihung der Academy Awards in Hollywood als Sieger durch. Der erste Kinofilm des britischen Regisseurs Sam Mendes wird als bester Streifen des Jahres gefeiert; außerdem erhält er die Preise für Regie, Kamera, Drehbuch und den besten Hauptdarsteller, Kevin Spacey.

**27. März**

**Fusionen**
Volkswagen übernimmt die Leitung beim schwedischen Lastwagen- und Bushersteller Scania. Mit 34 Prozent steigt Daimler-Chrysler bei Mitsubishi Motors in Japan ein.

**Ausland**
In einem für die US-Zigarettenindustrie wichtigen Urteil spricht ein Gericht in Kalifornien einer krebskranken ehemaligen Raucherin 20 Millionen Dollar Schadensersatz zu. Die Jury in San Francisco entscheidet, dass die Firmen Philip Morris und Reynolds Tobacco die Risiken des Rauchens nicht richtig dargestellt hätten.

**28. März**

**Politik**
Der schleswig-holsteinische Landtag wählt Heide Simonis (SPD) zum dritten Mal zur Ministerpräsidentin des Landes. Die 56-Jährige bekommt 49 von 89 Stimmen. Ihre rot-grüne Koalition verfügt über 46 Mandate.

**Ausland**
Bei einem Lawinenunglück in Österreich kommen zwölf Menschen ums Leben. Der Unfall ereignet sich unterhalb des Kitzsteinhornes bei Kaprun (Pinzgau) in rund 2500 Meter Höhe, wo eine Gruppe von Skilehrern in einem Kessel von einem rund 400 Meter breiten Schneebrett erfasst wird.

**Lawine: 12 Skilehrer tot**

# April

**1. April**

**Ostalgie**
Der Dienstwagen des ehemaligen DDR-Staats- und Parteichefs Erich Honecker wird in Berlin für 20 000 Mark versteigert. Neuer Besitzer des Citroën CX 2300 Prestige aus dem Jahr 1978 ist ein Fotojournalist.

**Prestige: Erich Honeckers Auto fährt wieder**

**2. April**

**Bundeswehr**
Die Bundeswehr will künftig keine weiblichen Dienstbezeichnungen und keine reinen Fraueneinheiten einführen, teilt das Verteidigungsministerium mit. Die Truppe plane aber die Einführung von spezieller Bekleidung für schwangere Soldatinnen.

**Konfusion: Bernhard Walter von der Dresdner Bank**

**3. April**

**Politik**
Altkanzler Helmut Kohl feiert seinen 70. Geburtstag im kleinen Kreis im elsässischen Landgasthof „Cheval Blanc" und isst Speckkuchen und Hechtklöße.

**Wirtschaft**
Der weltgrößte Software-Produzent Microsoft wird wegen Verstoßes gegen die US-Kartellgesetze schuldig gesprochen. Das Bezirksgericht in der US-Hauptstadt Washington lastet dem Unternehmen an, seine Marktmacht beim PC-Betriebssystem Windows zur Verdrängung von Konkurrenten aus dem Internetgeschäft missbraucht zu haben.

**5. April**

**Umwelt**
Die Ozonhülle über dem Nordpol hat in diesem Winter bedrohlich abgenommen. Nach einer von der EU und der Nasa gemeinsam veröffentlichten Studie wurden auch über Deutschland, Großbritannien und Dänemark deutlich geringere Ozonwerte als sonst gemessen. Die Wissenschaftler befürchten eine Zunahme von Hautkrebs, Allergien, Augenkrankheiten und Erbgutmutationen.

**Haacke: aus einem Guss**

**Fusion**
Die Fusion von Deutscher und Dresdner Bank zum größten Geldkonzern der Welt platzt. Der Vorstand der Dresdner Bank beschließt, den Verschmelzungsprozess abzubrechen. Bankchef Bernhard Walter zieht am 6. April die Konsequenzen und tritt zurück. Nachfolger wird sein Vorstandskollege Bernd Fahrholz.

**Krawalle**
Bei schweren Auseinandersetzungen werden in Istanbul zwei britische Fußballfans erstochen. Sechs weitere Briten erleiden einen Tag vor dem Uefa-Cup-Spiel Galatasaray Istanbul gegen Leeds United Verletzungen.

**Kultur**
Der Künstler Hans Haacke darf sein Erd-Kunstwerk „Der Bevölkerung" im Berliner Reichstag realisieren. Der Bundestag stimmt mit knapper Mehrheit für das Projekt und beendet damit einen wochenlangen Streit. Geplant ist, dass jeder der 669 Bundestagsabgeordneten Erde aus seinem

Wahlkreis nach Berlin bringt, die wie ein Blumenbeet aufgeschüttet wird.

## 6. April

**Raumfahrt**
Die Sojus-Raumkapsel PM-30 mit zwei russischen Kosmonauten an Bord dockt plangemäß an der verlassenen Weltraumstation „Mir“ an. Sergej Saljotin und Alexander Kaleri sollen unter anderem ein kleines Leck suchen, durch das Luft entweicht. Der amerikanische Millionär Walt Anderson und andere Investoren erwägen, die 14 Jahre alte „Mir“ als Weltraumlabor oder Abenteuerhotel zu nutzen.

**Wissenschaft**
Genforscher in den USA haben das Erbgut des Menschen komplett entschlüsselt. Das Unternehmen Celera Genomics teilt mit, die chemischen Buchstaben im menschlichen Genom zu 99 Prozent identifiziert zu haben. Es erwartet bahnbrechende Fortschritte in der Medizin.

**Allein zu Haus: Klestil**

## 7. April

**Europa**
Die Europäische Union eröffnet in Wien ein Büro zur Beobachtung von Rassismus und Fremdenfeindlichkeit (EUMC). Von den eingeladenen 15 EU-Staatschefs kommt nur Österreichs Präsident Thomas Klestil zur Zeremonie.

**Naturschauspiel**
Ein seltenes Naturschauspiel – das Polarlicht – verunsichert und fasziniert viele Menschen bis um drei Uhr in der Frühe. Die „Flammen“ am wolkenlosen Himmel sind über weiten Teilen Deutschlands sichtbar. Viele Bürger rufen bei der Polizei an, weil sie Brände zu sehen glauben. Einige Menschen halten das Naturschauspiel auch für ein Ufo.

**Ausland**
Ein Berufungsgericht in Sizilien verurteilt 29 Bosse der Cosa Nostra wegen Beteiligung an der Ermordung des Mafia-Jägers Giovanni Falcone zu lebenslanger Haft. Die Täter hatten im Mai 1992 auf der Straße zum Flughafen von Palermo eine Bombe gezündet.

## 9. April

**Politik**
Auf dem PDS-Parteitag in Münster kündigen sowohl Parteichef Lothar Bisky als auch der Fraktionsvorsitzende Gregor Gysi den Rückzug aus ihren Ämtern an. Zuvor hatten die Delegierten einen Antrag auf Zustimmung für Militäreinsätze der UN abgelehnt.

**Ausland**
Bei den umstrittenen Parlamentswahlen in Peru büßt die Bewegung „Peru 2000“ von Präsident Alberto Fujimori ihre absolute Mehrheit ein, bleibt aber stärkste Fraktion. Fujimoris Partei kommt auf 52 von 120 Sitzen.

**Sport**
Michael Schumacher feiert beim Großen Preis von San Marino in Imola im dritten Formel-1-Weltmeisterschaftsrennen des Jahres seinen dritten Sieg. Der Ferrari-Pilot gewinnt vor dem finnischen Weltmeister Mika Häkkinen und dem Schotten David Coulthard, die beide bei McLaren-Mercedes unter Vertrag sind.

**Triumph: Tiger hat sich Rocky geschnappt**

## 10. April

**Politik**
Angela Merkel wird neue Chefin der CDU. Auf dem Bundesparteitag in Essen erhält sie fast 96 Prozent der Stimmen.

**Kultur**
Die Bundesregierung beginnt mit dem Versuch, mit Hilfe des Internets jüdischen Besitzern ihre von den Nazis geraubten Kunstwerke zurückzugeben. Auf der Internetseite www.LostArt.de können Privatpersonen und Museen nach verlorenen Schätzen suchen.

## 11. April

**Holocaust**
Der britische Geschichtsautor David Irving verliert eine Verleumdungsklage gegen eine US-Wissenschaftlerin, die ihn als einen „Hitler-Bewunderer“ bezeichnet hatte.

## 13. April

**Politik**
Die Aufnahme des Tierschutzes ins Grundgesetz scheitert wieder einmal am Widerstand der Union im Bundestag.

## 14. April

**Drogen**
Liedermacher Konstantin Wecker muss nicht wegen seines Drogenkonsums ins Gefängnis. In der Neuauflage seines Prozesses in München erhält er eine Bewährungsstrafe von 20 Monaten.

**Ausland**
In Stockholm werden drei schwedische Neonazis wegen Beihilfe zum Mord an einem Gewerkschafter zu Haftstrafen zwischen viereinhalb und sechs Jahren verurteilt. Die Tat hatte zu vielen Demonstrationen geführt.

**Börse**
Der Dow-Jones-Index verbucht den stärksten Tagesverlust in seiner 104-jährigen Geschichte. Er bricht um 5,66 Prozent auf 10.305,77 Punkte ein. Der Technologie-Index Nasdaq verliert sogar zehn Prozent seines Werts.

## 15. April

**Sport**
Im Revanche-Kampf unterliegt Graciano „Rocky“ Rocchigiani dem Halbschwergewichtsweltmeister Dariusz „Tiger“ Michalczewski durch technischen K.o. in der zehnten Runde. Der Herausforderer gibt nach der neunten Runde auf.

## 16. April

**Ausland**
In Bern gründet eine Gruppe junger Rechtsradikaler eine „Nationale Partei Schweiz“ (NPS), die sich als Schwesterpartei der deutschen Nationaldemokraten versteht.

## 17. April

**Börse**
Die Aktien der Telekom-

**Fingerzeig für Eichel: Ron Sommer macht's billiger**

Tochter T-Online haben ihr Debüt an der Börse. Wegen der kritischen Lage vergibt der Internetanbieter sie zum Preis von 27 Euro – und damit deutlich billiger als erwartet.

## 19. April

**Ausland**
Drei Tage nach einem Debakel des Regierungslagers bei den italienischen Kommunalwahlen tritt Ministerpräsident Massimo D'Alema zurück. Die neue Mitte-Links-Regierung unter dem parteilosen Ministerpräsidenten Giuliano Amato wird am 26. April vereidigt. Es ist die 58. Nachkriegsregierung Italiens.

**Adel**
Belgische Forscher decken eines der letzten Geheimnisse des französischen Königshauses auf: Der Gentest eines luftdicht in einer Urne aufbewahrten Knabenherzens hat definitiv ergeben, dass der 1795 an Tuberkulose gestorbene Junge der Sohn von Ludwig XVI. und Marie-Antoinette war.

## 23. April

**Geiselnahme**
Auf der malaysischen Ferieninsel Sipidan vor der Ostküste Borneos bringt die Moslemgruppe Abu Sayyaf 21 Urlauber in ihre Gewalt, unter ihnen die dreiköpfige Familie Wallert aus Göttingen. Die Geiseln werden in ein Dschungelversteck auf der philippinischen Insel Jolo verschleppt. Abu Sayyaf – „das Schwert Gottes" – kämpft mit allen Mitteln für einen muslimischen Staat auf den südlichen Philippinen.

## 27. April

**Ausland**
Verhandlungen der britischen Regierung mit Simbabwe über eine Beendigung der Gewalt in dem südafrikanischen Land enden in London ohne Erfolg. Mit Billigung von Präsident Robert Mugabe waren in den beiden Monaten zuvor mehr als 1000 Farmen weißer Eigentümer mit Gewalt besetzt worden. Dabei kamen mindestens 20 Menschen ums Leben.

## 28. April

**Wirtschaft**
Der im März beschlossene Verkauf der verlustreichen BMW-Tochter Rover an den Kapitalfonds Alchemy platzt, weil das britische Unternehmen die Gespräche überraschend abbricht.

## 29. April

**Kultur**
Zwei Teile des während des Krieges von den Nazis geraubten Bernsteinzimmers, das Preußenkönig Friedrich Wilhelm I. 1717 dem Zaren Peter I. geschenkt hatte, kehren nach Russland zurück. Im Beisein des russischen Präsidenten Wladimir Putin übergeben Kulturstaatsminister Michael Naumann und Bremens Bürgermeister Henning Scherf in Sankt Petersburg ein Mosaik und eine Kommode. Es ist der erste Durchbruch nach Jahren festgefahrener Verhandlungen über die so genannte Beutekunst. Naumann und Scherf erhalten im Gegenzug 101 Zeichnungen, die von den Sowjets gestohlen worden waren.

**Anschlag**
Bei einem Handgranatenanschlag in der Hamburger Discothek „J's" werden neun Menschen verletzt, zwei davon lebensgefährlich. Der mutmaßliche Attentäter, ein 28-jähriger Türke, wird eine Woche später festgenommen. Die Polizei geht von einem Racheakt aus.

**Sport**
Der Deutsche Fußball-Bund verkauft die TV-Rechte an der Bundesliga für drei Milliarden Mark an die Münchner Kirch-Gruppe. Von der Saison

# Mai

Schmäh: Jörg Haider gibt ab an Susanne Riess-Passer

## 1. Mai

**Ausland**
Susanne Riess-Passer wird in Klagenfurt zur Vorsitzenden der Freiheitlichen Partei Österreichs gewählt. Sie löst FPÖ-Chef Jörg Haider ab, der 14 Jahre im Amt war.

**Verkehr**
Bundesverkehrsminister Reinhard Klimmt will Rasern mit höheren Bußgeldern an den Kragen. Die Regierung hofft, so die Zahl von Verkehrstoten innerhalb von zehn Jahren halbieren zu können.

## 2. Mai

**Justiz**
Hessen führt als erstes Bundesland elektronische Fußfesseln für auf Bewährung freigelassene Straftäter ein.

**Einwanderung**
Vertreter der Bundesregierung und der Wirtschaft einigen sich auf einen Green-Card-Kompromiss. Die Computerindustrie darf mit Arbeitserlaubnissen auf Zeit 20 000 ausländische Software-Spezialisten aus Ländern außerhalb der EU anwerben. Als Voraussetzung für eine Arbeitserlaubnis genügt ein Einkommensnachweis von mindestens 100 000 Mark im Jahr.

## 3. Mai

**Börse**
Die Börsen in Frankfurt und London wollen zum größten Aktienmarkt Europas fusionieren. Die neue Gesellschaft soll iX (International Exchanges) heißen.

## 4. Mai

**Computer**
Ein als E-Mail-Liebesbrief („I-Love-You") getarntes Computervirus lähmt weltweit Computer in Behörden, Firmen und

Ausländer rein: Green Cards für Spezialisten

Privathaushalten. In Deutschland ist laut einer Umfrage jedes fünfte Unternehmen von der Attacke betroffen.

**Politik**
Die Labour-Partei des britischen Premierministers Tony Blair erleidet bei der Bürgermeisterwahl in London eine schwere Niederlage. Erster direkt gewählter Bürgermeister der Hauptstadt wird der linke Blair-Gegner Ken Livingstone. Er war als unabhängiger Kandidat angetreten und daraufhin aus der Labour-Partei ausgeschlossen worden.

## 5. Mai

**Kirche**
Die katholische Laienorganisation Donum Vitae eröffnet in Homburg an der Saar trotz Bedenken der Kirche ihre bundesweit erste Konfliktberatungsstelle für Schwangere.

**Sport**
Der FC Bayern München gewinnt zum zehnten Mal den DFB-Pokal. In Berlin setzen sich die Münchner mit 3:0 gegen Cupverteidiger Werder Bremen durch.

Wieder: Cup für Bayern

## 6. Mai

**Tourismus**
Bundeskanzler Schröder eröffnet an der mecklenburgischen Seenplatte eine der größten Ferienanlagen Europas . Die fünf Betreiber wollen das 500 Hektar große Hotel- und Golfareal „Land Fleesensee" zu einer Top-Urlaubsadresse ausbauen.

Im Exil: Der iranische Lyriker Said soll deutsches PEN-Zentrum führen

**Ausland**
Die IRA bietet eine regelmäßige Kontrolle ihrer Waffenlager an, nachdem Premierminister Tony Blair die Wiedereinsetzung der nordirischen Regierung in Aussicht gestellt und weitere Zugeständnisse gemacht hat.

## 8. Mai

**Wissenschaft**
Mit maßgeblicher Beteiligung deutscher Genetiker hat ein internationales Team das menschliche Chromosom 21 entschlüsselt, das für das Down-Syndrom („Mongolismus") von Bedeutung ist.

**Ausland**
Britische Fallschirmjäger rücken in Freetown, der Hauptstadt von Sierra Leone, ein. In dem vom Bürgerkrieg erschütterten westafrikanischen Land hält die Revolutionäre Vereinigte Front (RUF) seit Anfang des Monats mindestens 500 UN-Blauhelme aus Sambia, Kenia, Indien und Nigeria als Geiseln. Sie werden in den folgenden drei Wochen in mehreren Gruppen freigelassen.

## 9. Mai

**Wirtschaft**
Der BMW-Konzern verkauft die Pkw-Produktion seiner verlustreichen Tochter Rover für zehn Pfund an eine Investorengruppe und gewährt ihr ein Darlehen von rund 1,7 Milliarden Mark.

**Arbeitsmarkt**
Die Zahl der Arbeitslosen in Deutschland ist im April nach Angaben der Bundesanstalt für Arbeit auf den tiefsten Stand seit 1996 gefallen. Die Behörde registriert weniger als vier Millionen Menschen ohne Beschäftigung.

**Kunst**
Ein Gemälde von Pablo Picasso wechselt in New York für 28,6 Millionen Dollar seinen Besitzer. Das „Stillleben mit Tulpen" wird nach Angaben des Auktionshauses Christie's von einem privaten Sammler ersteigert, der anonym bleiben will.

## 10. Mai

**Patentschutz**
Das Europäische Patentamt in München widerruft das Patent für die Nutzung von Inhaltsstoffen des Neem-Baumes. Damit gibt es Einsprüchen von indischen Wissenschaftlern statt, die sich über „geistigen Diebstahl" und „Biopiraterie" beklagt hatten. In Indien wird das Neem-Öl seit Jahrhunderten gegen Pflanzenschädlinge genutzt.

## 12. Mai

**Kultur**
Eske Nannen, Geschäftsführerin der Emder Kunsthalle und Witwe des *stern*-Gründers und ehemaligen *stern*-Chefredakteurs Henri Nannen, bekommt in Weimar den Deutschen Stifterpreis. Mit der Auszeichnung würdigt der Bundesverband Deutscher Stiftungen ihr Engagement für die Emder Kunsthalle, die ihr Mann 1983 gegründet hatte.

**Literatur**
Der in München lebende iranische Lyriker Said wird ohne Gegenkandidaten zum neuen Präsidenten des deutschen Pen-Zentrums gewählt. Der 52-jährige Exil-Autor tritt die Nachfolge von Christoph Hein an, der zwei Jahre an der Spitze der Organisation stand.

Höhenflug: Möllemann

**Gesundheit**
Greenpeace hat bei Untersuchungen in Babywindeln das hochgiftige TBT entdeckt. Der gefährliche Stoff sei möglicherweise als Stabilisator bei der Herstellung verwendet worden. Zwei der betroffenen Herstellerfirmen weisen die Vorwürfe zurück.

## 13. Mai

**Ausland**
Die Explosion einer Feuerwerksfabrik legt ein Wohngebiet im niederländischen Enschede in Trümmer. 22 Menschen kommen ums Leben, mehr als 1000 werden verletzt, 500 Häuser zerstört. Zurück bleiben ausgebrannte Ruinen und ausgeglühte Autowracks. Eine Woche nach der Katastrophe werden die beiden Fabrikbesitzer festgenommen.

**Musik**
Die Olsen Brothers aus Dänemark gewinnen in Stockholm den 45. Grand Prix d'Eurovision de la Chanson mit „Fly On The Wings Of Love". Als deutscher Vertreter landete Stefan Raab mit „Wadde hadde dudde da" auf dem fünften Platz.

## 14. Mai

**Politik**
Bei der Landtagswahl in Nordrhein-Westfalen behält die rot-grüne Regierung von Ministerpräsident Wolfgang Clement ihre Mehrheit. Jürgen Möllemanns FDP wird überraschend mit 9,8 Prozent drittstärkste Partei. Die Wahlbeteiligung sinkt auf ein historisches Tief von 56,7 Prozent.

**Ausland**
Präsident Wladimir Putin teilt die Russische Föderation per Dekret in sieben Verwaltungseinheiten auf, um den größten Flächenstaat der

Erde besser kontrollieren zu können.

## 15. Mai

**Ausland**
Bei den seit langem heftigsten Unruhen im Gaza-Streifen und im Westjordanland sterben acht Menschen. Dennoch beschließt das israelische Parlament, drei Siedlungen am Ostrand Jerusalems an die Autonomiebehörde der Palästinenser zu übergeben.

## 16. Mai

**Ausland**
Die First Lady der USA, Hillary Clinton, wird auf einer Versammlung der Demokraten im Staat New York einstimmig als Kandidatin für einen Sitz im Senat nominiert. Es ist das erste Mal in der Geschichte der USA, dass die Frau eines Präsidenten sich um ein solches Amt bewirbt.

**Adel**
Die 68-jährige Elizabeth Taylor wird in London von Königin Elizabeth II. für ihre schauspielerischen Leistungen und ihre Wohltätigkeit geadelt.

## 17. Mai

**Ausland**
Die serbische Polizei schließt den Belgrader Fernsehsender Studio B. Die Opposition veranstaltet Straßenproteste.

**Verkehrsunfall**
Elf Menschen sterben, als in der Nähe der holsteinischen Stadt Eutin ein Sattelschlepper mit zwei VW-Kleinbussen der Kieler Evangelischen Stadtmission frontal zusammenprallt. Die meisten Opfer sind psychisch Kranke, die zu einem Besuch des Hansa-Parks an der Ostsee unterwegs waren. Der Fahrer des Unglückslastwagens wird am 22. November vom Schöffengericht Eutin zu einer Bewährungsstrafe von einem Jahr verurteilt. Er hatte überhöhte Geschwindigkeit und Unachtsamkeit als Ursache zugegeben.

Geadelt: Elizabeth Taylor

Zuwachs: Leo zieht in Downing Street No. 10 ein

## 18. Mai

**Politik**
Gegen den Widerstand der Opposition beschließt der Bundestag die Steuerreform. Sie soll bis 2005 eine Netto-Entlastung von 45 Milliarden Mark bringen.

## 20. Mai

**Sport**
Titelverteidiger FC Bayern München gewinnt zum 16. Mal die deutsche Fußballmeisterschaft. Im letzten Spiel der Bundesligasaison fängt die Mannschaft den Spitzenreiter Bayer Leverkusen noch ab. Während die Bayern ihr Heimspiel gegen Werder Bremen mit 3:1 gewinnen, verliert Leverkusen bei der Spvgg. Unterhaching mit 0:2.

**Ausland**
Cherie Blair, die Frau des britischen Premierministers, bringt in London einen Jungen zur Welt. Blair ist der erste britische Premier seit 152 Jahren, der während seiner Amtszeit Vater wird.

## 21. Mai

**Kultur**
In Oberammergau beginnen mit einer neuen Inszenierung über das Leiden und Sterben Jesu die 40. Passionsspiele. Bis zum 8. Oktober führen 2000 Einwohner des oberbayerischen Ortes das religiöse Laienspiel auf.

**Film**
Die Internationalen Filmfestspiele in Cannes enden mit einem Erfolg für den Dänen Lars von Trier. Der Regisseur gewinnt mit seinem Film „Dancer In The Dark“ die Goldene Palme. Seine Hauptdarstellerin, die isländische Sängerin Björk, wird als beste Schauspielerin ausgezeichnet.

**Ausland**
Die fünf offiziellen Atommächte USA, Russland, Frankreich, Großbritannien und China verpflichten sich in New York zur Räumung aller Atomwaffenarsenale. Sie sagen jedoch kein Datum zu.

## 22. Mai

**Wirtschaft**
Nach dem Geschäft mit Schallplatten, Eisenbahnen und Flugzeugen steigt der britische Unternehmer Sir Richard Branson („Virgin“) in den Autohandel ein. Branson teilt in London mit, seine neue Firma Virgin Cars werde über das Internet Autos billiger anbieten als die herkömmlichen Händler.

## 23. Mai

**Bundeswehr**
Verteidigungsminister Rudolf Scharping bleibt mit seinen Plänen zur Verkleinerung der Bundeswehr hinter den Vorschlägen der Weizsäcker-Kommission zurück. Diese empfiehlt, die Truppe auf 240 000 Mann schrumpfen zu lassen. Scharping hält 280 000 Soldaten für nötig.

**Gesellschaft**
Hugh Grant, britischer Schauspieler, hat sich mit seiner Freundin Liz Hurley auf eine „vorübergehende Auszeit“ verständigt. Grant war 13 Jahre mit dem Model zusammen. Zu einer schweren Beziehungskrise war es 1995 gekommen, als der Schauspieler in Los Angeles festgenommen und beschuldigt wurde, in einem Auto Sex mit einer Prostituierten gehabt zu haben.

## 26. Mai

**Politik**
Die Gründungsmitglieder der DDR-Bürgerrechtsbewegung „Neues Forum“ werden in Berlin mit dem Preis der Deutschen Nationalstiftung ausgezeichnet. Der mit 150 000 Mark dotierte Preis geht an Bärbel Bohley und 28 andere Erstunterzeichner des Gründungsaufrufs zum „Aufbruch 89 – Neues Forum“ vom 10. September 1989.

## 28. Mai

**Ausland**
In einer Stichwahl wird der peruanische Präsident Alberto Fujimori für weitere fünf Jahre in das höchste Staatsamt gewählt. Gegenkandidat Alejandro Toledo erkennt die Wahl wegen angeblicher „betrügerischer“ Manipulationen nicht an.

**Ausland**
Mit dem größten Volksmarsch in der Geschichte des Kontinents entschuldigen sich 150 000 Australier in Sydney bei den Aborigines für die Verbrechen der Vergangenheit.

## 29. Mai

**Justiz**
Ein 15-jähriger Schüler aus Meißen, der seine Geschichtslehrerin mit 22 Messerstichen getötet hatte, wird vom Dresdner Landgericht wegen heimtückischen Mordes zu siebeneinhalb Jahren Haft verurteilt.

**Ausland**
Ein Massaker von Moslems an Christen kostet auf den ostindonesischen Molukken-Inseln 55 Menschen das Leben. Bewaffnete Moslems hätten zwei Dörfer auf den Nord-Molukken überfallen und 52 Christen getötet und mehr als 100 verletzt, sagt ein Sprecher der christlichen Gemeinde. Bei den Unruhen seien auch drei Moslems getötet worden.

## 30. Mai

Preis: Bärbel Bohley

**Medien**
Als Konsequenz aus gefälschten Hollywood-Interviews trennt sich der Süddeutsche Verlag von den „SZ Magazin“-Chefredakteuren Ulf Poschardt und Christian Kämmerling. Das Magazin hatte offenbar zu ei-

nem großen Teil erfundene Interviews des Journalisten Tom Kummer mit Stars wie Sharon Stone, Courtney Love oder Brad Pitt veröffentlicht.

**Politik**
Bundesarbeitsminister Walter Riester legt nach einer Klausurtagung von Experten von SPD und Grünen seine Rentenreformpläne vor: Das zukünftige Rentenniveau wird deutlich gesenkt, die Versicherten müssen zusätzlich privat vorsorgen.

### 31. Mai

**Kirche**
Mehr als 40 000 Gläubige versammeln sich in Hamburg zum 94. Deutschen Katholikentag. Er steht unter dem Motto „Sein ist die Zeit".

Hamburg: Katholikentag

**Ausland**
Als die eritreischen Truppen aus den umkämpften Grenzgebieten abgezogen waren, erklärt die Regierung in Addis Abeba den Krieg gegen das Nachbarland für beendet.

**Küche**
Nach Ansicht von Gourmet-Köchen ist der „Guide Michelin" der beste Gastronomieführer. Das ergibt eine repräsentative Umfrage des Südwestrundfunks (SWR) unter tausend Spitzenköchen in Deutschland. Der Sender lässt sie anonym antworten, um sie vor „Racheakten" der Restaurant-Kritiker zu schützen.

# Juni

### 1. Juni

**Weltausstellung**
Mit einem farbenprächtigen Spektakel beginnt in Hannover die Expo 2000. Bundespräsident Johannes Rau gibt die fünf Monate dauernde Mega-Veranstaltung mit einem Schnitt durch das rote Band frei. Anschließend tanzen und singen Folklore-Gruppen aus aller Welt auf dem 170 Hektar großen Gelände. In der ersten Woche wird das anvisierte Ziel von 150 000 Besuchern pro Tag allerdings um weit mehr als die Hälfte verfehlt. Die Expo-Gesellschaft reagiert mit verstärkter Werbung und Sonderangeboten.

### 2. Juni

**Politik**
US-Präsident Bill Clinton wird für seine Verdienste um „Freiheit und Menschenrechte" in Aachen mit dem Karlspreis ausgezeichnet. In seiner Laudatio dankt Bundeskanzler Schröder Clinton für sein Engagement beim Zusammenwachsen Europas.

### 3. Juni

**Archäologie**
Der französische Meeresarchäologe Franck Goddio hat sechs Kilometer vor der ägyptischen Mittelmeerküste bei Abukir die Überreste des versunkenen Herakleion gefunden. Die knapp einen Quadratkilometer große Stadt sei bis zur Gründung

Ägypten: Schatzsuche

Lebenslänglich: Mörder Dieter Zurwehme, mit Anwalt

Alexandrias 331 v. Chr. das Eingangstor Äyptens und die wichtigste Zollstation gewesen, sagt Goddio in Alexandria.

**Techno**
In München feiern rund 60 000 Raver bei fast 30 Grad Hitze den sechsten „Union Move". Das Motto lautet: „Music is the only drug". Die Polizei nimmt 50 Raver wegen Betäubungsmitteldelikten fest.

### 6. Juni

**Ausland**
In Polen scheitert die Mitte-Rechts-Koalition. Künftig wird der konservative Ministerpräsident Jerzy Buzek an der Spitze einer Minderheitsregierung stehen.

### 7. Juni

**Kriminalität**
Die Stadt Frankfurt bleibt einem *stern*-Bericht zufolge Hochburg der Kriminalität in Deutschland. Dort hat die Polizei im vergangenen Jahr 17 557 Straftaten je 100 000 Einwohner registriert. Damit liegt Frankfurt vor Magdeburg, wo über 16 865 Delikte angezeigt worden sind.

**Wirtschaft**
Ein Bundesrichter in Washington ordnet die Zerschlagung des Software-Konzerns Microsoft in zwei unabhängige Unternehmen an. Er folgt damit einem Vorschlag des US-Justizministeriums.

### 8. Juni

**Justiz**
Der Gewaltverbrecher Dieter Zurwehme wird vom Landgericht Koblenz zu lebenslanger Haftstrafe und Sicherungsverwahrung verurteilt. Der 57-Jährige hatte im März 1999 in Remagen zwei ältere Ehepaare ermordet, nachdem er von einem Freigang nicht zurückgekehrt war. Die Polizei hatte mit einer Großaktion bundesweit nach ihm gefahndet und ihn schließlich in Greifswald gefasst. Zurwehmes Verteidiger verzichten auf eine Revision.

**Ausland**
Präsident Wladimir Putin stellt acht Monate nach dem erneuten russischen Einmarsch in Tschetschenien die Kaukasus-Republik unter seine direkte Verwaltung. Nach mehreren Attentaten auf Vertreter Moskaus und ranghohe Militärs hat sich die Lage wieder zugespitzt.

### 9. Juni

**Fernsehen**
Der 26 Jahre alte John aus Potsdam wird Sieger der RTL-2-Show „Big Brother". Der arbeitslose Zimmermann bekommt eine Prämie von 250 000 Mark. Sein Ex-Mitbewohner Zlatko „Sladdi" Trpkovski ist mit seiner CD „Ich vermiss Dich wie die Hölle" schon zum Kultstar avanciert. Er bekommt bei RTL 2 eine eigene TV-Show.

**10. Juni**

**Zugunglück**
Beim Zusammenstoß zweier Wagen der Zugspitzbahn in der Nähe von Garmisch-Partenkirchen werden 64 Menschen zum Teil schwer verletzt. Unfallursache ist menschliches Versagen.

**11. Juni**

**Fremdenhass**
Der 39-jährige Mosambikaner Alberto Adriano wird in Dessau von rechtsradikalen Jugendlichen so schwer zusammengeschlagen, dass er drei Tage später stirbt. Die Täter im Alter von 16, 17 und 25 Jahren nennen in ihren Geständnissen Fremdenhass als Motiv. Der mit einer Deutschen verheiratete Afrikaner hinterlässt drei Kinder. Er lebte schon seit 20 Jahren in Deutschland.

**12. Juni**

**Entschädigung**
Bei den deutsch-amerikanischen Verhandlungen über die Entschädigung von NS-Zwangsarbeitern können die Unterhändler Otto Graf Lambsdorff und Stuart Eizenstat einen Durchbruch erzielen. Aus deutscher Sicht ist nun für deutsche Unternehmen die Rechtssicherheit vor US-Sammelklagen weitestgehend gegeben. Damit kann die geplante Stiftung vom Bundestag beschlossen werden. Erste Zahlungen an die Opfer sollen noch in diesem Jahr geleistet werden.

**13. Juni**

**Ausland**
Zum ersten Mal seit der Teilung vor 55 Jahren treffen sich in Pjöngjang die Staatschefs von Nord- und Südkorea zu einem dreitägigen Gipfel. Sie unterzeichnen eine gemeinsame Erklärung über Schritte zur Zusammenarbeit und Wiedervereinigung.

**14. Juni**

**Amoklauf**
Ein psychisch gestörter Mann aus Dortmund erschießt bei einer Verkehrskontrolle drei Polizisten. Anschließend tötet er sich selbst.

**15. Juni**

**Politik**
Ein Spitzengespräch zwischen Bundeskanzler Schröder und den Chefs der vier größten Energieunternehmen Deutschlands bringt in Berlin eine Einigung über den Ausstieg aus der Atomenergie. Sie legen eine Gesamtlaufzeit von 32 Jahren fest.

**16. Juni**

**Internet**
Privatleute und Unternehmen können künftig in den USA praktisch alle Geschäfte über das Internet mit einer digitalen Unterschrift besiegeln. Nach dem Abgeordnetenhaus billigt auch der Senat ein entsprechendes Gesetz.

**17. Juni**

**Ausland**
Festtagsstimmung in Pisa: Erstmals seit zehn Jahren dürfen wieder Besucher den Schiefen Turm besteigen. Nach einer spektakulären Rettungsaktion gilt das Wahrzeichen Italiens als „geheilt". Einem Team unter Leitung eines aus Polen stammenden Experten ist es gelungen, den Campanile wieder etwas aufzurichten und abzusichern.

**18. Juni**

**Ausland**
Der britische Zoll macht im Hafen von Dover einen grauenhaften Fund: Im Gefriercontainer eines holländischen Lastwagens entdecken die Beamten die Leichen von 58 illegalen chinesischen Einwanderern. Nur zwei der Geschmuggelten entgehen dem Erstickungstod im luftdicht abgeschlossenen Container.

**Vier Tote: Bei einer Verkehrskontrolle im Ruhrgebiet schießt ein Mann wild um sich**

**19. Juni**

**Ausland**
Für die USA gibt es keine „Schurkenstaaten" mehr. Bislang mit diesem Etikett versehene Länder wie Nordkorea, Irak, Libyen, Sudan oder Kuba würden künftig als „besorgniserregende Staaten" (states of concern) bezeichnet, teilt das Außenministerium in Washington mit.

**Europa**
Griechenland wird als zwölfter EU-Staat zum 1. Januar 2001 in die Euro-Zone aufgenommen. Das beschließen die EU-Staats- und Regierungschefs auf ihrem Gipfel im portugiesischen Feira.

**Pisas Turm: etwas gerader**

**20. Juni**

**Sport**
Titelverteidiger Deutschland scheidet in der Vorrunde der Fußball-Europameisterschaft aus. Die Nationalmannschaft verliert in Rotterdam ihr letztes Gruppenspiel gegen Portugal mit 0:3. Teamchef Erich Ribbeck tritt einen Tag später zurück.

**Nobel: Preisträger Blobel spendet für Dresden**

**21. Juni**

**Mode**
Britische Modemagazine starten einen Feldzug gegen zu dünne Models: Sie sollen künftig von einer Beschwerdestelle nach dem Vorbild des britischen Presserats abgelehnt werden. Diesen Vorstoß kündigen die Verleger der Magazine bei einer Regierungskonferenz in London zum Thema Magersucht an.

**22. Juni**

**Kultur**
Der Mediziner Günter Blobel übergibt eine Spende für den Wiederaufbau der Dresdener Frauenkirche in Höhe von 1,6 Millionen Mark. Der 63-Jährige erhielt 1999 für seine Forschungen auf dem Gebiet der Zellbiologie den Nobelpreis. Fast das gesamte Preisgeld in Höhe von 1,85 Millionen Mark bekommt Dresden. Den Neubau der Synagoge unterstützt der Mäzen mit 100 000 Mark.

Unverdrossen: Thierse

### 24. Juni

**Rechtsextremismus**
Bundestagspräsident Wolfgang Thierse zeigt sich entsetzt darüber, dass in Ostdeutschland der Rechtsextremismus „ein selbstverständlicher Teil der Alltagskultur" geworden ist. Etwas gegen Ausländer zu haben sei „fast eine Selbstverständlichkeit", sagt Thierse in einem Interview.

**Politik**
Die Grünen wählen in Münster Renate Künast und Fritz Kuhn an die Spitze ihrer Partei. „Wir wollen einen Neuanfang einleiten", verspricht Kuhn.

### 26. Juni

**Tragödie**
Auf einem Schulsportplatz im Hamburger Stadtteil Wilhelmsburg wird ein sechsjähriger Junge von zwei Kampfhunden angegriffen und totgebissen. Politiker diskutieren, welche gesetzlichen Maßnahmen gegen gefährliche Hundezüchtungen geeignet sind.

### 27. Juni

**Fernsehen**
Die Privatsender Sat 1 und Pro Sieben schließen sich zum größten deutschen Fernsehanbieter zusammen. Damit wird der private deutsche Fernsehmarkt endgültig unter zwei Konzernen aufgeteilt: Auf der einen Seite die Kirch-Gruppe mit der größten deutschen TV-Holding, an der der Axel Springer Verlag nur 11,5 Prozent halten wird. Auf der anderen Seite der Bertelsmann-Konzern, der die RTL-Gruppe (RTL, RTL 2, Super RTL und Vox) dominiert.

### 28. Juni

**Politik**
Der Sonderermittler Burkhard Hirsch deckt Lücken und Manipulationen in der Aktenführung des Bundeskanzleramts in der Ära Kohl auf. Zwei Drittel der Daten seien kurz nach dem Regierungswechsel 1998 gelöscht worden.

### 29. Juni

**Ausland**
Der Streit um den kubanischen Flüchtlingsjungen Elián González ist beendet. Sieben Monate nach seiner Flucht in die Vereinigten Staaten kehrt der Sechsjährige zusammen mit seinem Vater nach Kuba zurück.

Heimkehr: Elián als Kubas Hahn im Korb

# Juli

WM-Sieg: schäbiger Pott, schönes Spiel, Thuram selig

### 1. Juli

**Ausland**
Ein iranisches Revolutionsgericht verurteilt zehn Angehörige der jüdischen Minderheit wegen Spionage für Israel zu Haft- und Geldstrafen sowie Peitschenhieben. Drei der angeklagten Juden seien freigesprochen worden, meldet das staatliche Fernsehen. Internationale Menschenrechtsgruppen hatten befürchtet, das Gericht in der südiranischen Stadt Schiras könnte auch Todesurteile verhängen.

**Ausland**
Schweden ist nach der Freigabe der 16 Kilometer langen Brücken-und-Tunnel-Passage über den Öresund auf dem Landweg mit Dänemark verbunden. Die ersten Autos können ab 23 Uhr in beide Richtungen rollen.

### 2. Juli

**Sport**
Durch ein „Golden Goal" in der 103. Minute gewinnt Frankreich in Rotterdam das Endspiel der Fußball-Europameisterschaft gegen Italien mit 2:1.

**Ausland**
Machtwechsel bei der Präsidentschaftswahl in Mexiko: Die seit mehr als 70 Jahren ununterbrochen regierende Partei der Institutionalisierten Revolution muss das höchste Staatsamt an Oppositionsführer Vicente Fox abtreten.

**Sport**
Der Deutsche Fußball Bund entscheidet über die Nachfolge von Erich Ribbeck als Bundestrainer. Rudi Völler soll die Nationalmannschaft bis Mai 2001 betreuen. Dann soll Christoph Daum den Posten übernehmen.

### 3. Juli

**Ausland**
Der Zentralrat der PLO ermächtigt Palästinenserführer Jassir Arafat zur Proklamation eines unabhängigen Staates bis zum

Frommer Wunsch: Arafat soll eigenen Staat ausrufen

13. September. Dieser Beschluss löst scharfe Kritik und Drohungen in Israel sowie Skepsis in der palästinensischen Bevölkerung aus.

## 4. Juli

**Weltkonferenz**
UN-Generalsekretär Kofi Annan und Bundeskanzler Schröder eröffnen in Berlin die Weltkonferenz zur Zukunft der Städte „Urban 21“. Mehr als 3000 Teilnehmer, darunter Bürgermeister aus aller Welt, Regierungsmitglieder und Stadtforscher, diskutieren bis zum 6. Juli über die Probleme, die das Wachstum der Städte mit sich bringt.

**Stadt-Pläne: Kofi Annan**

**Kunst**
Die teuerste Zeichnung der Welt stammt vom italienischen Bildhauer und Maler Michelangelo (1475–1564) und befindet sich nun im Besitz einer deutschen Kunsthandlung. Die Christusstudie wird im Londoner Auktionshaus Christie's für 25,2 Millionen Mark versteigert.

**Politik**
Nach dem Auftritt von Altkanzler Helmut Kohl vor dem Untersuchungsausschuss geht die CDU-Vorsitzende Angela Merkel auf deutliche Distanz zu dem ehemaligen Parteivorsitzenden. Merkel spricht von „Interessensunterschieden“ zwischen Kohl und der CDU. Diese Differenzen dürften auch ein Zurücknehmen in der öffentlichen Darstellung nötig machen, meint Merkel im Hinblick auf das Verhalten von Kohl.

## 6. Juli

**Sport**
Die Fußball-Weltmeisterschaft wird 2006 zum zweiten Mal in Deutschland stattfinden. Der Weltfußballverband Fifa votiert in Zürich überraschend mit 12:11 Stimmen gegen den Mitbewerber Südafrika.

**Wirtschaft**
Die Volkswagen AG muss nach einer Entscheidung des Europäischen Gerichtshofs in Luxemburg 176 Millionen Mark Strafe bezahlen, weil sie systematisch den Re-Import von in Italien billigeren Volkswagen behindert hat.

**Medien**
Den mit 25 000 Mark dotierten Egon-Erwin-Kisch-Preis erhält die „Spiegel“-Korrespondentin Renate Flottau für ihr Kriegstagebuch, das sie während der Nato-Luftangriffe auf Jugoslawien

**Kisch-Preise: Reportagen von Flottau, Fichtler, Kazis**

führte. Der zweite Preis geht an Cornelia Kazis, die für das Magazin der „Neuen Zürcher Zeitung“ eine Reportage über ein Hospiz schrieb. Mit dem dritten Preis wird Ullrich Fichtner für seine Reportage in der „Frankfurter Rundschau“ über „Ossis“ und „Wessis“ geehrt.

## 8. Juli

**Techno**
Liebe, Techno, Spaß und Party: 1,3 Millionen Raver feiern Berlin als Welthauptstadt des Techno-

**Wie einst Steffi Graf: Venus Williams gewinnt das Turnier von Wimbledon**

Kults zu Beginn des neuen Jahrtausends. Überschattet wird das „Fest der Liebe“ von zwei Todesfällen am Rande des Spektakels und einem U-Bahn-Brand nahe der Parade-Strecke mit 31 Verletzten. Hunderte Menschen entkommen nur knapp einer Katastrophe.

**Literatur**
In Großbritannien übertrifft der Verkauf des vierten Bandes von J.K. Rowling, „Harry Potter and the Goblet of Fire“, alle Rekorde. 370 000 Exemplare gehen am Erscheinungstag über die Ladentische.

**Sport**
Venus Williams gewinnt das Tennisturnier in Wimbledon. Sie besiegt im Finale die Vorjahressiegerin Lindsay Davenport mit 6:3 und 7:6. Einen Tag später schlägt der Amerikaner Pete Sampras den Australier Patrick Rafter mit 6:7, 7:6, 6:4, 6:2 und gewinnt damit zum siebten Mal den englischen Pokal.

## 9. Juli

**Kirche**
Papst Johannes Paul II. verurteilt eine Parade von mehr als 100 000 Schwulen und Lesben aus aller Welt in Rom als „Beleidigung des Heiligen Jahres“ der katholischen Kirche.

## 10. Juli

**Ausland**
Baschar Assad, Sohn des verstorbenen syrischen Staatspräsidenten Hafez Assad, wird mit 97,29 Prozent der Stimmen zum Nachfolger gewählt.

**Ausland**
Ein einstürzender Müllberg begräbt in einer Armensiedlung der philippinischen Hauptstadt Manila bis zu hundert Hütten unter sich. Mehr als 200 Menschen werden getötet.

**Politik**
Deutschland und Iran sind nach jahrelangen frostigen Beziehungen zu einem substanziellen Neuanfang und einem Ausbau ihrer Zusammenarbeit entschlossen. Das bekräftigen Bundeskanzler Schröder und der iranische Präsident Mohammed Chatami beim ersten Besuch eines iranischen Staatsoberhaupts in Deutschland seit 33 Jahren.

## 12. Juli

**Beinahe-Katastrophe**
Beim Flug von Kreta nach Hannover geht einer Hapag-Lloyd-Maschine der Treibstoff aus, weil sich ein Fahrwerk nicht einfahren ließ und der Pilot den dadurch erhöhten Verbrauch falsch berechnet hat. Nach kilometerlangem Segelflug mit stillstehenden Triebwerken setzt er im Gras vor der Landebahn in Wien auf. Alle 143 deutschen Urlauber und die acht Besatzungsmitglieder bleiben unverletzt.

## 14. Juli

**Politik**
Der Bundesrat billigt die rot-grüne Steuerreform. Gegen das Veto der Unionsspitze stimmen auch Berlin, Bremen und

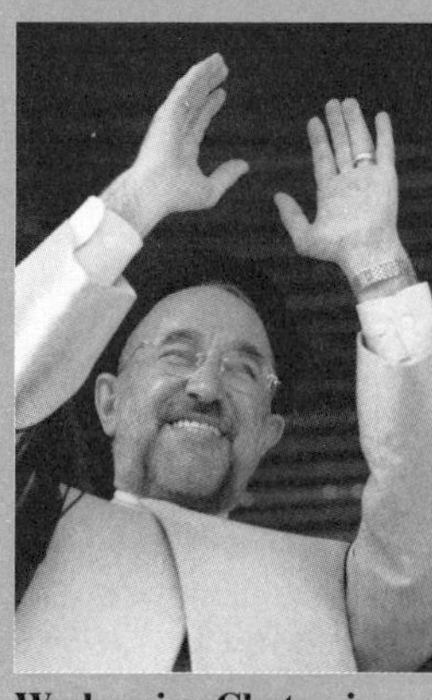

**Werbereise: Chatami**

Brandenburg, wo die CDU zusammen mit der SPD regiert, für die Reform. In der Union bricht daraufhin eine Führungsdiskussion aus.

**Ausland**
Frankreich feiert seinen ersten Nationalfeiertag in diesem Jahrtausend auf besondere Weise. Zusätzlich zu der traditionellen Militärparade gibt es am Tag der Erstürmung der Bastille auf 600 Kilometer Länge ein Riesen-Picknick auf rotweiß karierten Tischdecken am so genannten Pariser Längengrad.

Jolo-Drama: Sohn zurück

## 17. Juli

**Geiseldrama**
Nach zwölf Wochen Gefangenschaft wird die Göttinger Lehrerin Renate Wallert von ihren Kidnappern auf der philippinischen Insel Jolo freigelassen. Die Familie ist aber erst am 12. September wieder vereint, als Sohn Marc in Göttingen eintrifft. Bundesaußenminister Joschka Fischer bedankt sich bei der libyschen Regierung, die die Freilassung von Renate, Werner und Marc Wallert vermittelt und rund 50 Millionen Mark „Lösegeld“ an die militante Moslemgruppe Abu Sayyaf bezahlt hatte.

## 18. Juli

**Adel**
Der britische Thronfolger Prinz Charles erklärt offiziell, er werde seine langjährige Geliebte Camilla Parker Bowles nicht heiraten.

## 19. Juli

**Bevölkerung**
Die Zahl der Deutschen wird in den nächsten 50 Jahren drastisch sinken. Selbst bei einer Zuwanderung von 200 000 Ausländern jährlich werde es im Jahr 2050 nur noch 70 Millionen statt heute 82 Millionen Bundesbürger geben, teilt das Statistische Bundesamt in Berlin mit.

## 22. Juli

**Theater**
Die Expo 2000 feiert mit der ungekürzten Version von Goethes „Faust“ das Theaterereignis des Jahres. In einem 21-Stunden-Marathon zeigen 35 Schauspieler in einer Inszenierung von Peter Stein beide Teile des Klassikers.

**Haustiere**
Deutschlands Hundehalter verschärfen ihren Widerstand gegen neue Bestimmungen: 10 000 Tierbesitzer demonstrieren in Düsseldorf gegen die neue nordrhein- westfälische Hundeverordnung, die unter anderem Leinen- und Maulkorbzwang für Hunde ab 20 Kilo Gewicht oder 40 Zentimeter Schulterhöhe vorsieht. „Wir lassen uns nicht mit Kriminellen auf eine Stufe stellen“, sagt Rainer Kratzmann, Initiator der Kundgebung. Die neue Verordnung müsse von Fachleuten überarbeitet und geändert werden.

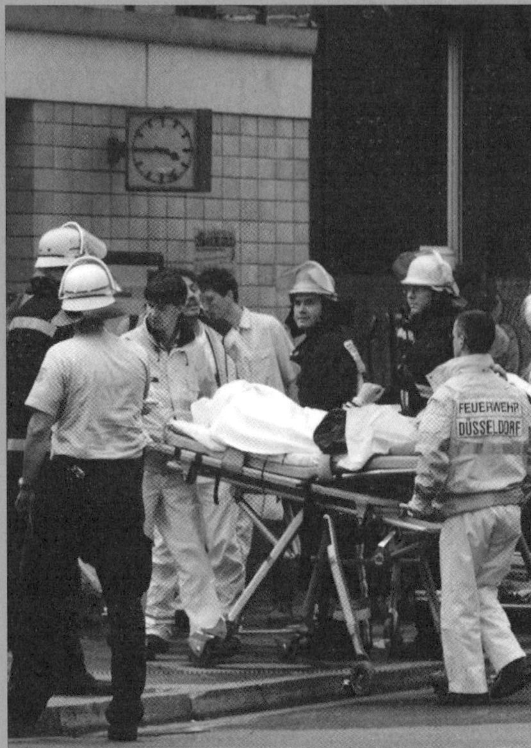

Zehn Opfer: Anschlag in Düsseldorf

## 23. Juli

**Politik**
Die baden-württembergische SPD-Vorsitzende Ute Vogt ist Spitzenkandidatin für die Landtagswahl im März 2001. Bei einer Urwahl entfallen auf die 35-Jährige rund 66 Prozent der Stimmen.

**Sport**
Der Amerikaner Lance Armstrong gewinnt zum zweiten Mal die Tour de France. Er verweist Jan Ullrich mit einem Abstand von 6:02 Minuten auf den zweiten Rang. Der Telekom-Fahrer Erik Zabel holt zum fünften Mal in Folge das Grüne Trikot des besten Sprinters.

**Gipfeltreffen**
Auf der japanischen Insel Okinawa geht das Treffen der führenden Industriestaaten mit Russland (G 8) zu Ende. Die Staats- und Regierungschefs wollen ärmere Länder stärker unterstützen.

Tour-Turbo: Lance Armstrong wieder vor Jan Ullrich

## 25. Juli

**Flugzeugkatastrophe**
Unmittelbar nach dem Start vom Pariser Flughafen Charles de Gaulle stürzt eine Concorde auf ein Hotel im nahe gelegenen Gonesse. 114 Menschen kommen ums Leben. Das Flugzeug der Air France war auf dem Weg nach New York. Die zumeist deutschen Passagiere wollten von dort aus eine von der Firma Deilmann organisierte Kreuzfahrt unternehmen.

## 27. Juli

**Anschlag**
In einem Düsseldorfer S-Bahnhof detoniert ein Sprengsatz. Dabei werden zehn Menschen verletzt. Sie stammen aus der ehemaligen Sowjetunion, sechs von ihnen sind jüdischen Glaubens. Ein rechtsextremer Hintergrund wird nicht ausgeschlossen. Die Berliner Bundesregierung und der Zentralrat der Juden wollen mit prominenten Künstlern sowie Sportlern eine Bewegung gegen Fremdenhass und Antisemitismus ins Leben rufen.

**Geiseldrama**
Nach fast vier Wochen Geiselhaft auf der Insel Jolo kommt „Spiegel“-Reporter Andreas Lorenz frei. Der 47-Jährige war am 2. Juli verschleppt worden, als er sich mit einem Informanten treffen wollte.

**Zootest**
Die meisten deutschen Zoos sind besser als ihr Ruf. Zu diesem Ergebnis kommt der *stern* im bisher größten Test der deutschen Zoos. Sieger ist der Kölner Zoo, der ebenso wie der Tierpark Hagenbeck in Hamburg und der Nürnberger Tiergarten das Prädikat „erstklassig“ bekommt. Mit „miserabel“ eingestuft werden hingegen der Tiergarten in Mönchengladbach und der Tierpark Lübeck.

## 28. Juli

**Justiz**
Der mutmaßliche Reemtsma-Entführer Thomas Drach wird von Argentinien ausgeliefert. In Begleitung deutscher Kripobeamter trifft er am 29. Juli in der Hamburger Justizvollzugsanstalt Fuhlsbüttel ein. Der 1998 in Argentinien Festgenommene soll Kopf der Entführer sein, die den Hamburger Multimillionär Jan Philipp Reemtsma im März 1996 verschleppten und 33 Tage gefangen hielten.

**Medien**
Sigrid Löffler verlässt die Fernsehsendung „Das Literarische Quartett“. Sie zieht damit die Konsequenz aus einem Kon-

flikt, der bei der Sendung am 30. Juni ausgebrochen war. Marcel Reich-Ranicki hatte ihr vorgeworfen, sie habe Probleme mit erotischen Büchern. Die Literaturkritikerin Iris Radisch wird Nachfolgerin Löfflers.

**30. Juli**

**Motorsport**
Nach einer Kollision in der ersten Runde scheidet Michael Schumacher beim Großen Preis in Hockenheim aus. Sein Ferrari-Kollege Rubens Barrichello gewinnt überraschend das Rennen.

**31. Juli**

**Einwanderer**
Bundesarbeitsminister Walter Riester überreicht einem Indonesier die erste Green Card. Der 25 Jahre alte Computerspezialist Harianto Wijaya hat an der Technischen Hochschule in Aachen studiert. Er bekommt die auf fünf Jahre befristete Arbeitserlaubnis für einen Job bei einem Mobilfunkunternehmen in Aachen.

**Ausland**
Moshe Katsav, Abgeordneter der rechtsgerichteten Likud-Partei, besiegt überraschend bei der Präsidentenwahl im israelischen Parlament den sozialdemokratischen Friedensnobelpreisträger Shimon Peres. Er wird Nachfolger des zurückgetretenen Ezer Weizman, der über einen Korruptionsskandal stürzte.

**Neuer Stern: Katsav**

# August

**Große Parade: Großbritannien feiert Queen Mum zum Hundertsten**

**1. August**

**Rechtschreibung**
Weil sie den Nutzen der Reform bezweifelt, kehrt die „Frankfurter Allgemeine Zeitung" („FAZ") zur alten Rechtschreibung zurück. Andere große Zeitungen und Zeitschriften folgen dem „FAZ"-Vorbild nicht.

**Ausland**
Weiterer Rückschlag für den israelischen Ministerpräsidenten Ehud Barak: Außenminister David Levy tritt aus Protest gegen seine Palästina-Politik zurück. Das Parlament stimmt Neuwahlen zu.

**4. August**

**Medien**
Die britische Boulevardzeitung „News of the World" stellt eine umstrittene Kampagne gegen Kinderschänder ein. Etwa 200 Menschen in der Hafenstadt Portsmouth hatten versucht, einen Mann zu lynchen, dessen Foto, Name und Adresse veröffentlicht worden waren. Die Zeitung aus dem Konzern des Verlegers Rupert Murdoch hatte im Juli damit begonnen, Kinderschänder öffentlich anzuprangern, die nach Verbüßung ihrer Strafe wieder frei waren.

**Adel**
„Queen Mum", die Mutter von Königin Elizabeth, feiert in London ihren 100. Geburtstag. Etwa 40 000 Menschen stehen an der Prachtstraße „The Mall", als die Königinmutter im Landauer vorbeifährt.

**5. August**

**Rechtsextremismus**
Die Bundesregierung setzt jetzt im Kampf gegen rechtsextreme Gewalt auch auf den Bundesgrenzschutz. Damit wolle sie „den Menschen erkennbar staatlichen Schutz gewähren", sagt Innenminister Otto Schily in einem Interview.

**7. August**

**Adel**
Ernst August Prinz von Hannover erhält nach einer Entscheidung des Bundesverwaltungsgerichts in Berlin die nach dem Zweiten Weltkrieg enteigneten Grundstücke und Kunstgegenstände seiner Familie in Sachsen-Anhalt nicht zurück. Der Welfenprinz hatte unter anderem die Rückgabe von zwei Schlössern, einem Klostergut sowie 10 000 Hektar Ackerland und Wäldern gefordert.

**8. August**

**Ausland**
Das Oberste Gericht Chiles hebt die Immunität des früheren Diktators Augusto Pinochet auf. Damit kann der 84-Jährige wegen Verbrechen während der Militärdiktatur angeklagt werden. Zwischen 1973 und 1990 wurden etwa 3200 Regimegegner umgebracht.

**Ausland**
Bei einem Bombenanschlag in einer Fußgängerunterführung im Zentrum Moskaus kommen 13 Menschen ums Leben. Die Behörden rechnen den Terrorakt tschetschenischen Rebellen zu.

**Dicke Freunde: Anhänger stützen Augusto Pinochet**

**9. August**

**Ausland**
Trotz internationaler Proteste lässt der texanische Gouverneur und Präsidentschaftskandidat der Republikaner, George W. Bush, zwei Männer hinrichten. Aufsehen erregt vor allem die Giftspritze für den 33-jährigen David Cruz, der als geistig behindert gilt. Unter anderem die Europäische Union hatte Bush aufgerufen, die Exekution zumindest auszusetzen.

Bush schlug zu: trotz weltweiter Proteste Giftspritze für geistig Behinderten

**11. August**

**Psychiatrie**
Ein seit 1947 in einer psychiatrischen Klinik etwa 800 Kilometer östlich von Moskau lebender Ungar kehrt in seine Heimat zurück. Der 75-jährige András Toma war 1945 als Kriegsgefangener in die Sowjetunion gebracht worden. Dort lebte er in der Klinik, ohne Russisch zu sprechen. 1998 wandten sich die Ärzte des Krankenhauses erstmals an die ungarische Botschaft mit der Bitte, den Patienten zurück in seine Heimat zu bringen. Er sei gesund genug, um bei seiner Familie oder in einem Altenheim zu leben.

Stahl-Sarg: In der Kursk sterben 118 Seeleute

**12. August**

**Ausland**
Das russische Atom-U-Boot „Kursk" läuft mit 118 Mann Besatzung in der Barentsee auf Grund. Nach dramatischen Rettungsversuchen in hundert Meter Tiefe, an denen norwegische Taucher beteiligt sind, teilt die russische Marine neun Tage später den Tod der gesamten Besatzung mit. Westliche Experten vermuten eine Torpedoexplosion als Ursache. Berichte über eine irrtümliche Versenkung des Bootes bei einem Übungsschießen des Raketenkreuzers „Pjotr Welikij" (Peter der Große) mit neuen U-Boot-Abwehrwaffen werden von russischer Seite energisch dementiert.

**Sport**
Evander Holyfield erboxt sich in Las Vegas als erster Schwergewichtler zum vierten Mal einen Weltmeistertitel. Der 37 Jahre alte Profi bezwingt seinen amerikanischen Landsmann John Ruiz nach zwölf Runden umstritten nach Punkten und sichert sich den WM-Gürtel der World Boxing Association.

**13. August**

**Justiz**
Kaufhauserpresser Arno Funke alias „Dagobert" wird in Berlin nach sechs Jahren Haft vorzeitig aus dem Gefängnis entlassen. Der 50-Jährige hatte vor seiner Verhaftung am 22. April 1994 in Berlin über Jahre mit der Polizei Katz und Maus gespielt. Ursprünglich sollte Arno Funke eine Haftstrafe von neun Jahren absitzen.

**14. August**

**Politik**
Altkanzler Helmut Kohl sagt seine Teilnahme an der offiziellen Feier zum zehnten Jahrestag der Deutschen Einheit in Dresden ab. Kohl war lediglich als Gast, nicht aber als Redner zu den Feierlichkeiten eingeladen worden.

**15. August**

**Ausland**
Nach einem halben Jahrhundert des Kalten Krieges feiern ausgewählte Familien aus Süd- und Nordkorea Wiedersehen.

**16. August**

**Wissenschaft**
Großbritannien will nach einem Regierungsbericht das Klonen menschlicher Embryonalzellen zu Forschungszwecken erlauben. Die Medizin verspricht sich davon neue Hilfen gegen bislang unheilbare Leiden wie Parkinson oder Alzheimer.

**17. August**

**Wirtschaft**
Die Versteigerung der UMTS-Mobilfunklizenzen geht nach knapp drei Wochen mit dem Rekorderlös von 98,8 Milliarden Mark zu Ende, die Finanzminister Hans Eichel zur Schuldentilgung verwenden will. Die sechs verbliebenen Bieter erhalten eine „kleine Lizenz" von je zwei Frequenzblöcken.

**18. August**

**Weltausstellung**
Die Weltausstellung in Hannover steuert auf ein finanzielles Desaster zu. Die Expo-Gesellschaft rechnet nach einer neuen Kalkulation mit einem Defizit von fast zweieinhalb Milliarden Mark. In einer Blitzaktion schießen der Bund und das Land Niedersachsen der Gesellschaft zusammen weitere 860 Millionen Mark zu. Damit soll die unmittelbar drohende Zahlungsunfähigkeit verhindert werden.

**19. August**

**Kriminalität**
„Aus Frust und Langeweile" treten drei junge Männer in Neubranden-

Öde: Nazis gelangweilt

Schön für Eichel: Versteigerung der UMTS-Lizenzen bringt Milliarden in die Kasse

burg in Mecklenburg-Vorpommern einen 15-Jährigen zu Tode. Diese Begründung nennen die Neonazis im Alter von 16, 18 und 21 Jahren nach ihrer Festnahme. Das Opfer war mit schweren Kopfverletzungen gefunden worden und wenig später im Krankenhaus gestorben.

Lausitz: neuer Kurs

**Skinheads: die Prügler von Dessau vor dem Oberlandesgericht Naumburg in Halle**

## 20. August

**Motorsport**
Mit einem Festakt wird der Lausitzring eröffnet. Die größte Sportstätte des Landes Brandenburg mit 120 000 Zuschauerplätzen wurde auf dem Gelände eines ehemaligen Braunkohlen-Tagebaus errichtet.

## 21. August

**Verkehrsunfall**
Acht deutsche Jugendliche kommen ums Leben, als ein Lastwagen in einer Autobahnbaustelle in Österreich einen Doppeldecker-Reisebus aus Gütersloh aufschlitzt. Offenbar wegen überhöhter Geschwindigkeit bei der Einfahrt in die Baustelle in der Nähe der Stadt Melk war der Anhänger des Lastwagens umgekippt.

**Politik**
Vor dem Hintergrund eines wachsenden Rechtsextremismus beginnt Bundeskanzler Schröder seine Sommerreise durch Ostdeutschland. Im sächsischen Bad Elster bekräftigt der Kanzler seine Auffassung, dass die Bekämpfung des Rechtsextremismus eine „durchdachte Mischung aus Härte des Staates und Hilfe für Jugendliche" verlange. „Wir werden uns die Aufbauarbeit nicht von rechten Schlägertruppen kaputtmachen lassen", sagt Schröder.

## 22. August

**Rechtsextremismus**
In der Auseinandersetzung mit der NPD gehen Banken und Sparkassen in die Offensive. Wie zuvor andere Institute kündigen die Rostocker Commerzbank-Filiale und die Sparkasse Vorpommern Konten der rechtsextremen Partei.

**Wirtschaft**
Der Kölner Handelskonzern Rewe übernimmt nach einer Mitteilung des Unternehmens zum Jahresende zu 100 Prozent die LTU Touristik GmbH. Damit rückt er in die erste Klasse der europäischen Reiseveranstalter auf.

## 23. August

**Flugzeugabsturz**
Beim Versuch eines Landeanfluges stürzt ein Airbus A320 der Gulf Air mit 143 Menschen an Bord vor der Küste Bahrains ins Meer. Alle Insassen können nur noch tot geborgen werden. Eine Auswertung der Black Box ergibt, dass der Pilot der Unglücksmaschine zu schnell auf die Landebahn des Flughafens Manama zugeflogen war.

**Noch Nr. 1: Häkkinen foppt Schumacher in Belgien**

## 25. August

**Rechtschreibung**
Mit 5000 neuen Wörtern und umfangreicher als je zuvor kommt der neue Duden in die Buchläden. Die 22. Auflage enthält 120 000 Stichwörter. Neu aufgenommen sind unter anderem der „Gutmensch" und die „Lavalampe". Viele der neu aufgenommenen Wörter sind englischen Ursprungs und stammen aus der Informationstechnologie, so „downloaden" und „mailen". Ihre Premiere im Duden feiern aber auch die „Potenzpille" und das Medikament „Viagra".

## 27. August

**Motorsport**
Mit einem tollkühnen Überholmanöver in der 41. Runde des Rennens von Spa zieht Formel-1-Ex-Weltmeister Mikka Häkkinen an Michael Schumacher vorbei und gewinnt den Großen Preis von Belgien.

## 30. August

**Rechtsextremismus**
Wegen gemeinschaftlichen Mordes an dem Mosambikaner Alberto Adriano werden in Halle ein Skinhead zu lebenslänglich und zwei weitere zu Haftstrafen von neun Jahren verurteilt. Die Witwe des in Dessau zu Tode geprügelten Opfers erscheint nicht zur Urteilsverkündung. Sie habe Angst um sich und ihre Kinder, weil sie im Vorfeld bedroht worden sei, sagt der Dessauer Ausländerbeauftragte Radzak Minhel.

**Mehr Mut: *stern*-Aktion**

## 31. August

**Aktion**
Als Reaktion auf die besorgniserregende Zunahme neonazistischer Aktivitäten in Deutschland startet der *stern* die Aktion „Mut gegen rechte Gewalt". Die Redaktion hat bei deutschen Unternehmen schon rund eine Million Mark gesammelt. Mit dem Geld soll die Arbeit von Projekten unterstützt werden, die schnell und direkt vor Ort handeln.

**Politik**
Im hessischen Landtag kommt es zu einem Eklat. Der CDU-Abgeordnete Clemens Reif soll dem Fraktionschef der Grünen, Tarek Al-Wazir, zugerufen haben: „Geh zurück ins Sanaa-Land." Al-Wazirs Vater stammt aus dem Jemen.

# September

Statt Koch: Jung geht

**3. September**

**Politik**
Nach jahrzehntelangen politischen Kontroversen geht Bundeskanzler Schröder demonstrativ auf die Heimatvertriebenen zu. Den ersten Auftritt eines sozialdemokratischen Bundeskanzlers am „Tag der Heimat“ wertet Schröder in Berlin als „ein Zeichen, miteinander zu reden, anstatt Vorurteile zu pflegen“ – auch wenn seine rot-grüne Regierung die außenpolitischen Vorstellungen der Vertriebenen nicht teile.

**5. September**

**Kirche**
Der Vatikan betont in der Erklärung „Dominus Jesus“ den Vorrang der katholischen Kirche vor anderen Glaubensgemeinschaften. Das Dokument löst internationale Proteste aus.

**Tourismus**
In der berühmten „Schinkenstraße“ von Palma de Mallorca kommt es nach einer von den spanischen Behörden angeordneten vorübergehenden Schließung von vier Lokalen zu Tumulten. Rund 4000 zumeist deutsche Demonstranten protestieren gegen diese Maßnahme.

**6. September**

**Gipfeltreffen**
In New York bekennen sich zu Beginn der größten Gipfelkonferenz der Geschichte mehr als 150 Staats- und Regierungschefs aus aller Welt zu neuen Anstrengungen für den Frieden, zur Überwindung der Armut und zur Durchsetzung der Menschenrechte.

**7. September**

**Politik**
Der Chef der Staatskanzlei und frühere Generalsekretär der hessischen CDU, Franz Josef Jung, tritt wegen der Finanzaffäre seiner Partei zurück. Er gilt als einer der engsten politischen Weggefährten des Ministerpräsidenten Roland Koch.

**8. September**

**Wirtschaft**
Das Bundeskartellamt greift in den Verdrängungskampf im Lebensmittelhandel ein und untersagt den Ketten Wal-Mart, Aldi Nord und Lidl Dumping. Diese Unternehmen müssen ihre beanstandeten Preise für Milch, Butter, Zucker, Mehl, Reis und Pflanzenfett wieder erhöhen.

**9. September**

**Film**
Der iranische Regisseur Jafar Panahi gewinnt beim 57. Festival in Venedig den Goldenen Löwen für seinen Film „Dayereh“ (Der Kreis), der die Unterdrückung der Frauen im Iran beschreibt. Den großen Preis der Jury erhält US-Regisseur Julian Schnabel für „Before night falls“.

Filmpreis: Schnabel

Picasso: „Figur mit gestreifter Bluse“ in Münster

**10. September**

**Kunst**
In Münster wird das Pablo Picasso gewidmete neue Grafik-Museum eröffnet. Gezeigt werden zunächst 210 Werke aus dem Eigenbestand des Museums, das mit nahezu 800 Lithografien fast über das vollständige Werk des Künstlers auf diesem Gebiet verfügt.

**Archäologie**
Archäologen haben nach einem Zeitungsbericht in einer Maya-Ruinenstätte im Urwald von Guatemala einen gewaltigen Palast entdeckt. Er verspricht neue Erkenntnisse über die klassische Maya-Kultur, die in Guatemala und anderen Teilen Mittelamerikas zwischen 250 und 900 nach Christus blühte. Beim Fundort handelt es sich um die versunkene Maya-Stadt Cancuen („Ort der Schlangen“) im Peten-Urwald nahe der Grenze zu Belize.

**12. September**

**Europa**
Die 14 EU-Länder beenden ihre Sanktionen gegen die ÖVP/FPÖ-Koalition in Wien. Sie folgen damit einer Empfehlung der drei so genannten EU-Weisen, die sich in einem Bericht gegen weitere diplomatische Blockaden ausgesprochen hatten.

**Wirtschaft**
Die Fusion der Börsen Frankfurt und London platzt. Die London Stock Exchange erklärt ihren Rückzug aus dem Projekt Börse iX. Begründet wird der Schritt mit dem feindlichen Übernahmeangebot der schwedischen OM-Gruppe.

**Holocaust**
In Auschwitz wird die erste Synagoge nach den Nazi-Gräueln neu eröffnet. In der Chevra Lomdei Mischanyot-Synagoge mussten sich die jüdischen Einwohner der polnischen Stadt versammeln, ehe sie deportiert wurden. Nach dem Krieg war in dem Gebäude viele Jahre ein Teppichlager.

**14. September**

**Umfrage**
Jeder vierte erwachsene Deutsche kann sich vorstellen, mit Bundesaußenminister Joschka Fischer gemeinsam Urlaub zu machen. Dies ergibt eine Umfrage des Meinungsforschungsinstituts Forsa im Auftrag des *stern*. Der Grüne liegt

damit weit vor dem Kanzler. Auf die Frage, mit welchem Kabinettsmitglied sie am liebsten ihre Ferien verbringen würden, nennen nur 14 Prozent der Befragten Gerhard Schröder. Die absolute Mehrheit von 54 Prozent will jedoch in den Ferien bloß eins: Ruhe vor ihren Regenten.

## 15. September

**Sport**
Im australischen Sydney werden die Olympischen Spiele eröffnet. Mehr als 10 000 Sportlerinnen und Sportler aus 199 Ländern nehmen daran teil. Die Zeremonie trägt auch politische Botschaften: So wird der gemeinsame Einmarsch der 180 Athleten aus Nord- und Südkorea von den 110 000 Zuschauern stürmisch bejubelt.

Knalleffekt: Sydney zeigt die schönsten Spiele

**Ausland**
Das philippinische Militär beginnt eine Aktion gegen Stellungen der Abu-Sayyaf-Rebellen auf der Insel Jolo. Dabei werden Hunderte Zivilisten getötet. Vor allem Frankreich kritisiert das Vorgehen der Soldaten.

**Ausland**
Der peruanische Präsident Alberto Fujimori kündigt vier Monate nach seiner umstrittenen Wiederwahl seinen Rücktritt an. Anlass ist ein Korruptionsskandal um seinen engsten Vertrauten und Berater. Der faktische Chef des Geheimdienstes SIN, Vladimiro Montesinos, war bei der Zahlung von Schmiergeldern an einen Oppositionspolitiker gefilmt worden.

Korruption: Alberto Fujimori verlässt sein Amt und Peru – Ruhestand in Japan

**Internet**
Paul Wilmott, Finanzberater aus London, lässt sich als erster Brite online scheiden. Auf der Scheidungs-Website www.divorce-online.co.uk habe er nur 180 Mark bezahlt, während die Anwälte über 1600 Mark verlangt hätten. Zusammen mit den amtlichen Bearbeitungsgebühren habe ihn die Scheidung nur 610 Mark gekostet.

**Fernsehen**
Zwölf Kandidaten ziehen zur zweiten Auflage der Reality-Soap „Big Brother II" in den Container im Kölner Ortsteil Hürth ein. Für maximal 106 Tage treten sie bis zum 30. Dezember im Spiel gegeneinander um einen Gewinn von 250 000 Mark an.

## 16. September

**Kunst**
Mit Bundeskanzler Schröder als Ehrengast wird in der baskischen Kleinstadt Hernani das Museum des berühmten spanischen Bildhauers Eduardo Chillida eröffnet. Der 76-jährige Künstler übergibt Schröder bei dem Festakt symbolisch die mächtige Skulptur „Berlin", die am 25. Oktober auf dem Gelände des Kanzleramts in der deutschen Hauptstadt aufgestellt wird.

## 17. September

**Politik**
Der CDU-Politiker Fritz Schramma wird neuer Oberbürgermeister von Köln. Der 53-jährige Lehrer setzt sich in der Stichwahl gegen die SPD-Kandidatin Anke Brunn durch. Für Schramma stimmen 52,3 Prozent der Wähler.

**Sport**
Der 24-jährige Berliner Radsportler Robert Bartko holt in der Einerverfolgung die erste Goldmedaille für das deutsche Team bei den Olympischen Spielen von Sydney.

Durch den Wind geschlüpft: Gold für Bartko aus Berlin

## 18. September

**Sport**
Der deutsche Mittelstreckenläufer Dieter Baumann darf nicht in Sydney starten. Das Schiedsgericht des Internationalen Leichtathletikverbandes IAAF sperrt den 5000-Meter-Olympiasieger von 1992 wegen Dopings für zwei Jahre. Der Freispruch Baumanns durch den Rechtsausschuss des deutschen Verbandes wird damit nicht anerkannt.

## 21. September

**Politik**
Helmut Kohl ist nach Meinung des ehemaligen CDU-Vorsitzenden Wolfgang Schäuble hauptverantwortlich für die „existenzbedrohende Krise" der CDU, in die die Partei wegen der Verstöße Kohls gegen das Parteiengesetz geraten ist. In seinem Buch „Mitten im Leben", das der *stern* exklusiv in Auszügen veröffentlicht, zitiert Schäuble im Zusammenhang mit eigenen Fehlern Angela Merkel, die ihn vom Rücktritt abhalten wollte.

Mitten in der Krise

## 22. September

**Politik**
Bundeskanzler Schröder darf sich oberster „Laubenpieper" Berlins nennen. Auf einem Garten-

Grün: Schreber Schröder

fest in der Kolonie „Togo“ im Arbeiterbezirk Wedding wird Schröder als erster Regierungschef mit der Wilhelm-Naulin-Plakette geehrt, der höchsten Auszeichnung des Verbandes der Gartenfreunde von Berlin und Brandenburg. Hunderte Kleingärtner bereiten dem Kanzler bei seiner Ankunft in der Gartenanlage einen herzlichen Empfang. Als Willkommensgeschenk bekommt er einen großen Kürbis.

**Politik**
Um steigende Ölpreise auszugleichen, will die Bundesregierung in diesem Winter einen einmaligen Heizkostenzuschuss zahlen. Die Kilometerpauschale soll in eine Entfernungspauschale umgewandelt und von 70 auf 80 Pfennig erhöht werden.

## 23. September

**Politik**
Die hohen Ölpreise und der Euro-Kurs stehen im Mittelpunkt der Beratungen der G-7-Runde, zu der die Finanzminister und Notenbankchefs der sieben führenden Industrieländer in Prag zusammenkommen. Es besteht Einigkeit darin, die hohen Ölpreise nicht mit Steuersenkungen zu beantworten.

## 24. September

**Ausland**
In Jugoslawien sind die 7,8 Millionen Wahlberechtigten aufgerufen, Präsident und Parlament neu zu wählen. Wegen der Nichtanerkennung des Sieges von Oppositionsführer Vojislav Koštunica brechen landesweite Proteste aus. Die serbische Opposition erhebt sich am 5. Oktober in einer Revolte gegen das Regime von Slobodan Milošević und erklärt den jugoslawischen Präsidenten für abgesetzt. Anhänger der Opposition stürmen die Gebäude von Bundesparlament und Staatsfernsehen und stecken sie in Brand. Koštunica wird am 7. Oktober als neuer Präsident vereidigt.

## 25. September

**Kunst**
Das Auktionshaus Sotheby's erklärt sich in New York bereit, ein Bußgeld in Höhe von 589 Millionen Mark zu zahlen. Damit will es einen Rechtsstreit beilegen, bei dem es um illegale Absprachen mit dem Konkurrenzunternehmen Christie's geht. US-Ermittler werfen den beiden marktbeherrschenden Häusern vor, seit Jahren durch geheime Vereinbarungen überhöhte Kommissionen von Käufern und Verkäufern kassiert zu haben.

Bürgerkrieg: Fußball-Ballett im Nordirland-Musical

Erobert: Opposition übernimmt Macht in Jugoslawien

## 26. September

**Protest**
Rund 7000 Lastwagen- und Busfahrer verschaffen ihrer Wut über steigende Spritpreise mit einer bundesweiten Sternfahrt nach Berlin Luft. Mehrere Straßen in der westlichen Innenstadt verwandeln sich in Parkplätze für die langen Konvois. Die deutschen Spediteure bezeichnen die Aktion als Auftakt für weitere Proteste. Die rot-grüne Bundesregierung bekräftigt hingegen ihre Ablehnung der geforderten Steuerhilfen für das Transportgewerbe.

**Havarie**
Bei einem Schiffsunglück vor der griechischen Insel Paros sterben fast 80 Menschen. Der Erste Offizier und der Kapitän halten sich in der Bar auf, um ein Fußballspiel zu sehen, als ihre mit 534 Passagieren besetzte Fähre „Express Samina“ auf ein Riff läuft und binnen 20 Minuten untergeht. Gegen sie wird später Anklage erhoben.

**Überschwemmungen**
Nach katastrophalen Überschwemmungen in Indien mit über1100 Toten ist mindestens eine Million Menschen von ansteckenden Krankheiten bedroht. „Kinder sind am meisten gefährdet“, sagt ein zuständiger Beamter. Die Magen-Darm-Erkrankungen werden durch Wasser übertragen, das durch Leichen und Tierkadaver verseucht ist.

**Musical**
Andrew Lloyd Webber löst in Großbritannien mit seinem Musical „The Beautiful Game“ ein geteiltes Echo aus. Die Kritiken nach der Premiere seines ersten politischen Musicals über den Bürgerkrieg in Nordirland im Londoner „Cambridge Theatre“ reichen von verhaltenem Lob bis zum Verriss.

## 27. September

**Wirtschaftsgipfel**
IWF und Weltbank beenden vorzeitig ihre gemeinsame Jahrestagung in Prag. Ihr erklärtes Ziel ist es, die ärmsten Länder der Welt stärker zu entschulden. Geplant ist ein Erlass von rund 50 Milliarden Dollar für 20 Staaten. Bei Ausschreitungen am Rande der Tagung werden mehrere Menschen verletzt.

## 28. September

**Ausland**
In den palästinensischen Autonomiegebieten brechen die heftigsten Unruhen seit der Intifada aus. Auslöser ist ein als Provokation empfundener Besuch des rechtsgerichteten israelischen Oppositionspolitikers Ariel Sharon auf dem Tempelberg in Jerusalem. Der Streit um den von Juden und Muslimen als heilig verehrten Ort lähmt seit Monaten den Friedensprozess im Nahen Osten.

**Europa**
Die Dänen lehnen den Beitritt zum europäischen Währungssystem ab. Bei einem Referendum stimmen mehr als 53 Prozent mit Nein.

**Ausland**
Begleitet von blutigen Ausschreitungen platzt der Korruptionsprozess gegen den früheren indonesischen Präsidenten Suharto. Nachdem Ärzte

Unter Öldruck: Finanzminister Eichel und Kollegen

den 79-Jährigen wegen seiner angeschlagenen Gesundheit für prozessunfähig erklärt haben, stellt das Gericht in Jakarta das Verfahren ein. Dem Ex-Diktator wird vorgeworfen, in den 32 Jahren seiner Herrschaft mehr als 571 Millionen US-Dollar an öffentlichen Mitteln für sich abgezweigt zu haben.

**Stasi-Wächterin: Birthler**

## 29. September

**Politik**
Der Bundestag wählt die frühere DDR-Bürgerrechtlerin Marianne Birthler zur neuen Bundesbeauftragten für die Stasi-Unterlagen. Die 52-jährige Grünen-Politikerin folgt Joachim Gauck, der nach zwei Amtsperioden nicht erneut gewählt werden konnte.

**Kriminalität**
Mit einer überraschenden Aktion gelingt der deutschen Polizei der bisher größte Schlag gegen Kinderpornografie im Internet. Bei Razzien im gesamten Bundesgebiet wird umfangreiches Beweismaterial sichergestellt.

**Kultur**
Im texanischen Dallas öffnet „The Women's Museum" seine Pforten. Das Museum soll die Rolle der Frauen in der Vergangenheit würdigen und Ausblicke auf die Zukunft geben. Anhand der Lebensgeschichten von mehr als 3000 Frauen wird nachgezeichnet, was diese erlebt, geleistet, erduldet und geschaffen haben.

# Oktober

**Macht Platz: Gregor Gysi hat keinen Spaß mehr am Fraktionsvorsitz der PDS**

## 1. Oktober

**Sport**
IOC-Präsident Juan Antonio Samaranch erklärt die Olympischen Spiele in Sydney für beendet. Er lobt sie als die „besten Spiele aller Zeiten". Das deutsche Team kommt in der abschließenden Länderwertung mit 14 Gold-, 17 Silber- und 26 Bronzemedaillen hinter den USA, Russland, China und Australien auf Platz fünf. Dem Ringer Alexander Leipold wird die Goldmedaille später wegen Dopings aberkannt.

**Kirche**
Papst Johannes Paul II. spricht auf dem Petersplatz in Rom 120 Katholiken heilig, die aus Sicht des Vatikans Opfer religiöser Verfolgung in China geworden sind. Dies verletze die Gefühle des chinesischen Volkes, protestiert die Regierung in Peking. Die 120 Gläubigen waren zwischen 1648 und 1930 getötet worden, die meisten davon während des Boxeraufstandes vor 100 Jahren.

**Sport**
Otto Rehhagel tritt zurück: Rund 22 Stunden nach dem mühseligen 1:1 des 1. FC Kaiserslautern gegen Energie Cottbus zieht der 62-jährige Trainer die Konsequenzen aus der Talfahrt seiner Kicker.

## 2. Oktober

**Politik**
Gregor Gysi zieht sich nach zehn Jahren als Chef der PDS-Bundestagsfraktion amtsmüde zurück. Mit großer Mehrheit wählt die Fraktion den bisherigen Parlamentarischen Geschäftsführer Roland Claus zu seinem Nachfolger.

**Sport**
Bayern Münchens Manager Uli Hoeneß löst einen Skandal in der Fußball-Bundesliga aus. Leverkusens Coach Christoph Daum habe Koks geschnupft, deutet er in einem Interview an. Das sei unwürdig für einen designierten Bundestrainer. Daum reagiert mit einer Strafanzeige.

**Nannens Erbe: Emder Kunsthalle wurde ausgebaut**

**Kunst**
Bundeskanzler Schröder eröffnet die vergrößerte Emder Kunsthalle. Der 14 Millionen Mark teure Anbau wurde für die Präsentation der Schenkung eines Münchner Galeristen errichtet. Die jetzt vereinten Sammlungen von *stern*-Gründer Henri Nannen und Otto van de Loo bilden einen lückenlosen Überblick über die expressionistische Malerei des 20. Jahrhunderts.

## 4. Oktober

**Motor**
Der letzte Mini, eines der beliebtesten Symbole der „Swinging Sixties" in Großbritannien, läuft im Rover-Werk Longbridge bei Birmingham vom Band. Eine neue Version des populären Kleinwagens soll nach Plänen der Bayerischen Motorenwerke künftig im ehemaligen Rover-Werk in Cowley bei Oxford gebaut werden.

## 5. Oktober

**Auszeichnung**
Die Alternativen Nobelpreise werden in Stockholm an Umweltschützer aus der Türkei und Äthiopien, einen amerikanischen Pflanzengenetiker und einen indonesischen Menschenrechtler vergeben.

## 7. Oktober

**Adel**
Luxemburg bekommt einen neuen Großherzog. Der 45-jährige Henri leistet vor der Abgeordnetenkammer einen Treueeid auf die Verfassung und löst damit seinen Vater Jean als Staatsoberhaupt ab.

**Luxemburg: Herzog neu**

**Sport**
Mit dem Fußball-Klassiker England gegen Deutschland wird im Londoner Wembley-Stadion ein Kapitel der Fußball-Geschichte geschlossen: Es ist das letzte Länderspiel in dem abrissreifen Stadion. Die Elf von Rudi Völler gewinnt mit 1:0.

## 8. Oktober

**Ausland**
Der rechtsextreme Vlaams Blok geht aus den Kommunalwahlen in Belgien gestärkt hervor. Die ausländerfeindliche Partei kommt in ihrer Hochburg Antwerpen auf 33 Prozent der Stimmen. Auch in anderen Städten und Gemeinden Flanderns legt die Partei deutlich zu.

**Motorsport**
Der Ferrari-Pilot Michael Schumacher gewinnt in Suzuka den Großen Preis von Japan und entscheidet damit die Weltmeisterschaft vorzeitig zu seinen Gunsten. Sein einziger Titel-Konkurrent Mika Häkkinen belegt den zweiten Platz.

**Ausland**
Der polnische Staatspräsident Aleksander Kwasniewski wird mit 53,9 Prozent der Stimmen für eine zweite Amtszeit gewählt.

## 9. Oktober

**Musik**
Yoko Ono, Witwe des Beatles John Lennon, eröffnet in ihrer Heimat ein Museum zu Ehren ihres ermordeten Mannes. Das „John Lennon Museum" im Tokioter Vorort Yono zeigt rund 130 Objekte aus dem Leben des Künstlers.

## 10. Oktober

**Rekord**
Ein in Potsdam lebender Graupapagei hat es bis ins „Guinness-Buch der Rekorde" gebracht. Er spricht 80 einzelne Wörter, beherrscht das Alphabet und kennt einige Zahlen.

## 12. Oktober

**Ausland**
Als Vergeltung für die Lynchmorde an zwei israelischen Soldaten beschießen Kampfhubschrauber die palästinensischen Städte Ramallah und Gaza.

**Schrill: Richter verurteilt**

**Wechsel bei der PDS: Bisky ade, Zimmer bereit**

**Literatur**
Als erster Chinese erhält der im Exil in Paris lebende 60-jährige Autor Gao Xingjian den Nobelpreis für Literatur.

## 13. Oktober

**Friedensnobelpreis**
Der südkoreanische Präsident Kim Dae-jung bekommt den Friedensnobelpreis, weil er sich für die Versöhnung mit dem Nordteil des Landes eingesetzt hat.

**Ausland**
Der vom UN-Kriegsverbrecher-Tribunal in Den Haag angeklagte bosnische Serbe Janko Janjic tötet sich in Bosnien mit einer Handgranate. Er zündet den Sprengsatz an seinem Körper, als Sfor-Soldaten ihn in seiner Heimatstadt Foca verhaften wollen. Vier an der Aktion beteiligte Bundeswehrsoldaten werden verletzt.

**Justiz**
Der Hamburger Amtsrichter und Rechtspopulist Ronald Schill wird vom Landgericht der Hansestadt zu einer Geldstrafe von 12 000 Mark verurteilt. Dem wegen harter Urteile auch „Richter Gnadenlos" genannten Schill war vorgeworfen worden, die Beschwerde zweier in Ordnungshaft genommener Prozesszuschauer verschleppt zu haben.

## 14. Oktober

**Politik**
Die Thüringer Landtags-Fraktionsvorsitzende Gabi Zimmer wird neue PDS-Chefin. Der Bundesparteitag in Cottbus wählt die 45-Jährige mit 93,2 Prozent der Stimmen zur Nachfolgerin von Lothar Bisky.

**Literatur**
Der vierte Band der Kinderbuch-Reihe „Harry Potter" erscheint in Deutschland mit einer Startauflage von einer Million Exemplaren. Einige Buchläden öffnen bereits um Mitternacht.

**Europa**
Die Europäische Union heißt das neue Jugoslawien auf seinem Gipfeltreffen im französischen Biarritz willkommen. Präsident Vojislav Koštunica wird von den Staats- und Regierungschefs herzlich begrüßt. Er verspricht eine demokratische Wende für sein Land.

**Hochwasser**
Eine Schlammlawine vernichtet in dem Schweizer Bergdorf Gondo acht Häuser. Bei der Flutkatastrophe in der Schweiz und in Norditalien verlieren mehr als 20 Menschen ihr Leben.

## 17. Oktober

**Verhütung**
Der Vertrieb der Abtreibungspille Mifegyne wird wegen mangelnder Nachfrage zum Ende des Jahres eingestellt, teilt das in Holzkirchen bei München ansässige Unternehmen Femagen mit.

**Ausland**
Zum Abschluss eines zweitägigen Nahost-Krisengipfels im ägyptischen Badeort Sharm el-Sheik vereinbaren Israelis und Palästinenser die Einstellung aller Gewalttätigkeiten. US-Präsident Bill Clinton verliest dieses Ergebnis am Mittag vor der Presse in Form einer „bindenden Erklärung".

## 18. Oktober

**Politik**
CDU/CSU-Fraktionschef Friedrich Merz verlangt von Zuwanderern eine Anpassung an die „deutsche Leitkultur". Darunter verstehe er unter anderem, dass Zuwanderer einen Integrationsbeitrag leisten müssten, sagt er in einem Zeitungsinterview.

**Sport**
Im ausverkauften Olympiastadion in Sydney beginnen die 11. Paralympics. Bis zum 29. Oktober nehmen 3800 Athleten aus 121 Ländern an den Wettkämpfen teil. Der Deutsche Behinderten-Sportverband gewinnt 15 Goldmedaillen.

**Börse**
Weltweit stürzen die Aktienkurse ab. Die Leitindizes Dax und Nemax

Hoffnung: Friedenspreis für algerische Autorin Djebar

fallen auf neue Jahrestiefstände. Der Dow Jones sackt erstmals seit März unter die Marke von 10 000 Punkten.

## 21. Oktober

### Sport

Die Haaranalyse des unter Drogenverdacht geratenen designierten Fußball-Bundestrainers Christoph Daum ist positiv. Er setzt sich nach Florida ab. DFB-Teamchef Rudi Völler übernimmt vorübergehend seinen Posten als Coach bei Bayer Leverkusen.

## 22. Oktober

### Literatur

Die algerische Schriftstellerin Assia Djebar bekommt in Frankfurt den Friedenspreis des Deutschen Buchhandels. Sie hat nach Ansicht der Jury „mit ihrem Werk ein Zeichen der Hoffnung für die demokratische Erneuerung Algeriens gesetzt". Die Laudatio hält die österreichische Autorin Barbara Frischmuth.

## 23. Oktober

### Politik

CDU-Generalsekretär Ruprecht Polenz tritt überraschend zurück. Parteichefin Angela Merkel präsentiert den bisherigen Landtagsvizepräsidenten von Nordrhein-Westfalen, Laurenz Meyer, als Nachfolger. Polenz erklärt, er sei nicht der richtige Mann für den Posten eines Generalsekretärs.

### Ausland

Als erstes hochrangiges US-Regierungsmitglied seit dem Koreakrieg reist Außenministerin Madeleine Albright nach Pjöngjang zu einem Treffen mit dem nordkoreanischen Machthaber Kim Jong-il.

Premiere: US-Außenministerin sprach in Pjöngjang über koreanische Raketen

## 25. Oktober

### Rechtsextremismus

Bei ihrem Versuch, den Neonazi-Treff „Club 88" zu schließen, erleidet die schleswig-holsteinische Stadt Neumünster eine Niederlage. Das Oberverwaltungsgericht Schleswig weist den verfügten Sofortvollzug zum Schließen der Gaststätte zurück und spart nicht mit deutlichen Hinweisen, wo die juristischen Versäumnisse der Stadt gelegen haben. Grüne, FDP und PDS kritisieren die ihrer Ansicht nach ungenügende Vorbereitung der Verbotsverfügung durch die Stadt. Auch die CDU betont, dass das Gaststättenrecht nicht geeignet sei, um gegen Rechtsextremismus aktiv zu werden.

### Umwelt

Das Zwangspfand auf die Bierdose kommt. Nach monatelanger Diskussion einigen sich die Umweltminister der Länder – mit Ausnahme von Rheinland-Pfalz – in Berlin auf die Einführung eines Pflichtpfandes für Getränkedosen und Einwegflaschen. Die Minister folgen einem Vorschlag von Bundesumweltminister Jürgen Trittin.

### Ausland

In Österreich erreicht eine Affäre, bei der geheime Daten aus einem Polizeicomputer abgerufen worden sein sollen, die Spitze der Freiheitlichen Partei (FPÖ). Die Staatsanwaltschaft nimmt unter anderem Ermittlungen gegen den früheren FPÖ-Chef Jörg Haider auf.

### Kriminalität

In Strausberg bei Berlin sticht der Triebtäter Frank Schmökel bei einem Freigang den Pfleger nieder und entkommt bereits zum sechsten Mal aus dem Maßregelvollzug. Auf der Flucht erschlägt er einen 60-jährigen Mann, um an dessen Auto zu kommen. Am 7. November wird Schmökel nach einer Großfahndung in einem Schuppen im Kreis Bautzen gefasst.

## 26. Oktober

### Gesundheit

Britische Beamte und Politiker haben nach einem offiziellen Untersuchungsbericht lange Zeit die Gefahr zu vertuschen versucht, dass der Rinderwahnsinn BSE auf den Menschen übertragen werden kann. Auch Wissenschaftler müssen sich schwere Versäumnisse vorhalten lassen.

## 27. Oktober

### Konzert

Unter scharfen Protesten von Holocaust-Überlebenden erklingt in Israel zum ersten Mal in einem öffentlichen Konzert Musik von Richard Wagner. Das Orchester der Kleinstadt Rischon Lezion spielt das „Siegfried-Idyll".

## 28. Oktober

### Literatur

Der Ost-Berliner Schriftsteller Volker Braun wird in Darmstadt mit dem Georg-Büchner-Preis geehrt. Die angesehenste Literaturauszeichnung in Deutschland ist mit 60 000 Mark dotiert.

## 30. Oktober

### Ausland

In Madrid explodiert eine Autobombe baskischer Separatisten und tötet einen Richter des Obersten Gerichtshofs, seinen Leibwächter, seinen Chauffeur und einen Busfahrer. Es ist das blutigste ETA-Attentat seit fünf Jahren. Fast 70 Anwohner und Passanten werden verletzt.

## 31. Oktober

### Flugzeugunglück

Eine Boeing der Singapore Airlines gerät beim Start auf eine gesperrte Rollbahn des Flughafens von Taipeh, prallt dort gegen zwei Schaufellader, explodiert und zerbricht in drei Teile. 81 der 179 Insassen sterben beim ersten tödlichen Unfall in der SIA-Geschichte.

Aktie: Vereins-Meier

### Börse

Als erster deutscher Fußballverein geht Borussia Dortmund an die Börse und rutscht gleich in die Abstiegszone. Die Aktie sackt am ersten Handelstag deutlich unter den Ausgabekurs von elf Euro.

### Weltausstellung

Nach fünf Monaten schließt in Hannover die Expo 2000 mit großem Lob der Teilnehmernationen, aber einem Defizit von 2,4 Milliarden Mark ihre Pforten. Die erste Weltausstellung auf deutschem Boden lockte 18 Millionen Besucher an. 40 Millionen Gäste hatten die Veranstalter erwartet.

# November

Neuer Zug, altes Leid: Bahn erwartet hohe Verluste

Auf dem Standesamt: Kalle und Kai aus Hamburg

## 1. November

**Sport**
Pokalverteidiger FC Bayern München blamiert sich beim 1. FC Magdeburg und scheitert in der zweiten Runde des DFB-Pokalwettbewerbs sang- und klanglos. Der deutsche Rekordmeister verliert im ausverkauften Magdeburger Ernst-Grube-Stadion im Elfmeterschießen mit 2:4.

**Altenpflege**
Die Bundesregierung sagt Missständen in Pflege- und Altenheimen den Kampf an. Durch Kontrollen, mehr Transparenz bei den Kosten und mehr Mitsprache der Betroffenen sollen Mängel in der Betreuung beseitigt werden.

## 2. November

**Schach**
In London entthront der Russe Wladimir Kramnik Weltmeister Garri Kasparow, der den Titel 15 Jahre getragen hatte.

**Raumfahrt**
Die erste Langzeitbesatzung steigt im All in die Internationale Raumstation ISS um. Der amerikanische Astronaut Bill Shepherd und seine beiden russischen Kollegen sollen knapp vier Monate im All bleiben. Die ISS ist mit geschätzten Kosten von 200 Milliarden Mark das bislang teuerste Forschungsprojekt der Menschheit. An dem Forschungslabor sind 16 Nationen beteiligt, darunter auch Deutschland.

## 4. November

**Wirtschaft**
Die Bahn muss ihren für 2004 geplanten Börsengang auf unbestimmte Zeit verschieben. Das Unternehmen hat sich verrechnet und erwartet in den kommenden Jahren Milliardenverluste.

**Politik**
Thüringens Ministerpräsident Bernhard Vogel verabschiedet sich als CDU-Landeschef und übergibt das Amt an den Fraktionsvorsitzenden Dieter Althaus. Der 42-Jährige wird mit 92 Prozent der Stimmen zum Nachfolger gewählt. Er will Vogel nach der nächsten Landtagswahl auch als Regierungschef beerben.

## 5. November

**Ausland**
Nach heftigen Herbststürmen gibt es schwere Überschwemmungen in Großbritannien. Im nordenglischen York überflutet Rekord-Hochwasser große Teile der Altstadt.

All-Tag: amerikanisch-russische Zusammenarbeit

## 6. November

**Wirtschaft**
Die EU-Kommission verklagt die Zigarettenkonzerne Philip Morris und Reynolds, weil sie sich an Schmuggelaktionen beteiligt haben sollen.

## 7. November

**Ausland**
Die amerikanische Präsidentenwahl verläuft spannend. Im entscheidenden Staat Florida ist das Ergebnis so knapp, dass nachgezählt werden muss. Anhänger von Al Gore beklagen zudem, dass im Bezirk Palm Beach verwirrende Wahlzettel verantwortlich seien für mehrere tausend falsche Stimmen. Ob Al Gore oder George W. Bush nächster US-Präsident wird, darüber müssen nun auch die Gerichte in einem beispiellosen juristischen Hickhack entscheiden.

**Ausland**
Im Bundesstaat New York wird First Lady Hillary Clinton mit 56 Prozent der Stimmen in den US-Senat gewählt. Es ist das erste Mal in der Geschichte der USA, dass eine Präsidenten-Frau Senatorin wird.

Geschafft: Hi, Hillary

**Medizin**
Bei einer Operation in Manchester werden siamesische Zwillinge getrennt. Ein Mädchen muss sterben, damit das andere leben kann. Ein Gericht hatte den Eingriff gegen den Willen der Eltern angeordnet.

## 8. November

**Politik**
Das Bundeskabinett beschließt, beim Verfassungsgericht ein Verbot der rechtsextremen NPD zu beantragen. Innenminister Otto Schily hält das vom Verfassungsschutz zusammengetragene Material für ausreichend.

## 9. November

**Protest**
Mehr als 200 000 Menschen demonstrieren in Berlin gegen Fremden-

feindlichkeit. Zu ihnen gehören Bundeskanzler Gerhard Schröder, Bundespräsident Johannes Rau und führende Politiker aller im Bundestag vertretenen Parteien.

**Gewerkschaft**
Der Grüne Frank Bsirske wird nach dem Rücktritt von Herbert Mai neuer Vorsitzender der Gewerkschaft ÖTV.

## 10. November

**Politik**
Der Bundestag verabschiedet mit den Stimmen der rot-grünen Koalition das Gesetz für die „Eingetragene Lebenspartnerschaft“. Lesbische und schwule Paare können nun ihr Zusammenleben mit gegenseitigen Rechten und Pflichten auf dem Standesamt besiegeln.

## 11. November

**Brandkatastrophe**
Bei einem Feuer in einem Tunnel der Kitzsteinhorn-Bahn in Österreich kommen 155 Ski- und Snowboardfahrer ums Leben, davon 37 aus Deutschland. Zwölf Menschen können sich aus dem qualmenden Gefängnis befreien.

## 13. November

**Justiz**
Im Prozess um den 1999 in Guben zu Tode gehetzten Algerier Omar Ben Noui verurteilt das Gericht acht Angeklagte zu Jugendhaftstrafen von ein bis drei Jahren.

**Ehrung**
Heinz Eckhoff, ehemaliger Angehöriger der Waffen-SS, erhält in Apensen im niedersächsischen Kreis Stade das Bundesverdienstkreuz. Der 77-Jährige war 1968 für die NPD in den Kreistag gekommen. Seit 1970 ist er Mitglied der CDU. Der Jüdische Weltkongress in New York nennt diese Ehrung einen „Schandfleck für Deutschland“.

## 16. November

**Politik**
Reinhard Klimmt tritt nach tagelanger Kritik aufgrund eines gegen ihn erlassenen Strafbefehls wegen Beihilfe zur Untreue als Bundesverkehrsminister zurück. Nachfolger wird der bisherige Parlamentarische Staatssekretär im Verkehrsministerium, Kurt Bodewig.

## 17. November

**Sport**
Christoph Daum will mit einer DNA-Analyse seine Unschuld beweisen, wie sein Anwalt Dietmar Tambor ankündigt. Mit der Analyse will der frühere Coach von Bayer Leverkusen untermauern, dass die im Oktober vom Gerichtsmedizinischen Institut der Universität Köln analysierte Haarprobe gar nicht von ihm stammte. Eine in der Zwischenzeit von einem Labor in den USA analysierte zweite Haarprobe hatte laut Daum einen negativen Befund erbracht.

## 18. November

**Sport**
Berti Vogts stürmt bei seiner Bundesliga-Premiere auf der Trainerbank mit Bayer Leverkusen gleich an die Tabellenspitze. 801 Tage nach seinem Rücktritt als Fußball-Bundestrainer holt der Daum-Nachfolger beim Hamburger SV einen 3:1-Sieg.

## 20. November

**Börse**
Die Post-Aktie legt einen verhaltenen Börsenstart hin. Die „Aktie-Gelb“ notiert am Vormittag mit 21,01 Euro praktisch auf dem Ausgabekurs von 21 Euro. Das Papier des angeschlagenen Daimler-Chrysler-Konzerns rutscht gleichzeitig auf ein Rekordtief seit der Fusion vor zwei Jahren.

**Explosion**
Bei einer Gasexplosion in einem Bremer Senioren-Wohnhaus kommen elf Menschen ums Leben. Ein Bagger hatte bei Kanalarbeiten die Leitung beschädigt.

**Wahnsinn: BSE im Stall von Peter Lorenzen**

## 21. November

**Ausland**
Die Lage in Nahost spitzt sich auch auf diplomatischer Ebene zu. Nach israelischen Luftangriffen auf Ziele in Gaza ruft Ägypten seinen Botschafter aus Tel Aviv vorübergehend zurück.

## 23. November

**Politik**
Kulturstaatsminister Michael Naumann scheidet aus der Regierung aus und wird Mitherausgeber der Hamburger „Zeit“. Zum Nachfolger ernennt Schröder den Münchner Kulturreferenten Julian Nida-Rümelin.

**Kriminalität**
Ein angebliches Verbrechen löst in Deutschland Entsetzen aus: 50 Neonazis sollen nach einem Bericht der „Bild“ vor drei Jahren im sächsischen Sebnitz einen sechsjährigen Jungen gequält und anschließend ertränkt haben. 300 Badegäste hätten tatenlos zugesehen. Seine Mutter hat erreicht, dass der als Badeunfall zu den Akten gelegte Vorgang neu untersucht wird. Doch nur wenige Tage später teilt die Staatsanwaltschaft Dresden mit, der Fall habe gar keinen rechtsradikalen Hintergrund. Im *stern* erheben Zeugen schwere Vorwürfe gegen die Eltern des Jungen. Sie sollen Aussagen zum Tod im Freibad des Städtchens „manipuliert und eigenmächtig ergänzt“ haben.

**Sebnitz: Ein Kind ertrinkt, eine Stadt geht fast unter**

## 24. November

**Ernährung**
Die Illusion von gesundem deutschem Rindfleisch ist dahin: Erstmals wird auch bei zwei in Deutschland geborenen Rindern per Schnelltest BSE festgestellt. Das eine Tier stammt aus Schleswig-Holstein, das andere wurde angeblich aus Sachsen-Anhalt auf die Azoren exportiert. Bundeskanzler Schröder kündigt ein umgehendes Verbot der Verfütterung von Tiermehl an, das als eindeutige BSE-Infektionsquelle gilt.

**Gesellschaft**
Mit dem Bundespresseball 2000 erlebt Berlin den Höhepunkt der Ballsaison. Die bis zu 900 Mark teuren Karten sind bereits seit Wochen ausverkauft.

## 27. November

**Aktion**
Nur mit einer Schicht Fettcreme auf dem nackten Oberkörper lässt sich der amerikanische Magier David Blaine auf dem New Yorker Times Square in einen sechs Zentner schweren Eisblock „einfrieren“. Er wolle sich mit der menschlichen Angst auseinander setzen, erklärt er. Nach 62 Stunden wird er aus seinem arktischen Gefängnis befreit.

**28. November**

**Medizin**
Trotz internationaler Hilfe gelingt es Uganda nicht, die Ebola-Seuche in den Griff zu bekommen. Vier weitere Menschen seien an der Virusinfektion gestorben, teilt das Gesundheitsministerium in Kampala mit. Damit hat sich die Zahl der Toten auf 149 erhöht.

**30. November**

**Miss-Wahl**
Eine Inderin gewinnt die 50. Miss-World-Wahl in London. Sie setzt sich gegen 94 Konkurrentinnen durch.

**Ehrenamt**
Talkmaster Alfred Biolek wird in New York zum ehrenamtlichen Botschafter des Weltbevölkerungs-Fonds der Vereinten Nationen ernannt. Er will seine Popularität nutzen und Geld für den weltweiten Kampf gegen Aids sammeln.

**Politik**
Altbundeskanzler Helmut Kohl wird von einem Windbeutel getroffen, als er in einem „Kulturkaufhaus" in Berlin sein neues Buch „Helmut Kohl – Mein Tagebuch 1998–2000" signiert. Das mit Sahne gefüllte Spritzgebäck beschmutzt den blauen Anzug des Ex-Kanzlers. Die Polizei nimmt den Werfer fest.

**Weiße Weste: Kohl**

# Dezember

**Paar Träume geplatzt: Beckers lassen sich scheiden**

**1. Dezember**

**Justiz**
Erstmalig in Deutschland entscheidet das Berliner Verwaltungsgericht, dass das Betreiben von Bordellen nicht mehr sittenwidrig ist. Prostitution werde als Teil des Zusammenlebens in der Gesellschaft weitgehend akzeptiert.

**Gesundheit**
Am Welt-Aids-Tag rufen mehrere Organisationen zum Kampf gegen die bedrohlich wachsende Epidemie auf. „Die jährliche Todeszahl in Afrika ist fast so hoch wie die gesamte Opferzahl des Vietnamkrieges", sagt der Chef der Afrika-Abteilung des Roten Kreuzes, Bekele Gelcta, in Nairobi. Weltweit sind 36,1 Millionen Menschen infiziert.

**2. Dezember**

**Ernährung**
Nach einem der schnellsten Gesetzgebungsverfahren in der Geschichte der Bundesrepublik tritt das Eilgesetz zum völligen Verbot der Verfütterung von Tiermehl wegen der Rinderseuche BSE in Kraft.

**3. Dezember**

**Wissenschaft**
Das schottische Forschungsinstitut, das vor drei Jahren das geklonte Schaf „Dolly" vorstellte, hat nun ein genverändertes Huhn namens „Britney" geschaffen. Dessen Eier enthalten wichtige Proteine für den Kampf gegen Krebs und andere Krankheiten.

**5. Dezember**

**Gesellschaft**
Tennis-Star Boris Becker und seine Frau Barbara geben ihre Trennung bekannt. Das Ehepaar hatte erst ein paar Tage zuvor an einem Wohltätigkeitsball in New York teilnehmen sollen. In letzter Minute sagte Boris ab. Seine Frau flog mit den Söhnen Noah Gabriel und Elias Balthasar nach Fisher Island vor Florida, wo die Familie ein Haus besitzt.

**6. Dezember**

**Politik**
SPD und Grüne legen in Berlin ihren Streit über die Entfernungspauschale bei: Als Ausgleich für die hohen Ölpreise soll die Steuerlast aller Berufspendler um jährlich fast 1,2 Milliarden Mark sinken. Pro Kilometer Arbeitsweg können 70 Pfennig von der Steuer abgesetzt werden. Ab dem elften Kilometer gilt eine Pauschale von 80 Pfennig.

**7. Dezember**

**Ausland**
In den USA werden wieder zwei Menschen hingerichtet. Im Bundesstaat Texas stirbt ein 60-jähriger Raubmörder durch eine Giftinjektion. Auch in Florida wird das Todesurteil gegen einen verurteilten Mörder vollstreckt. Damit sind in diesem Jahr in den USA 84 Menschen hingerichtet worden. Der Deutsche Bundestag kritisiert einmütig die Exekutionen in den USA und ruft zur Abschaffung der Todesstrafe auf.

**8. Dezember**

**Gedenken**
Tausende Fans und Touristen aus aller Welt machen den Ort der Ermordung John Lennons zu einer Wallfahrtsstätte. Sie strömen trotz eisiger Kälte in Scharen zum Dakota House in New York, vor dem der Ex-Beatle vor 20 Jahren von einem geistig verwirrten Attentäter erschossen worden war.

**9. Dezember**

**Demonstration**
In Köln demonstrieren mehr als 20 000 Menschen gegen rechte Gewalt. Dabei kommt es zu Ausschreitungen. Sieben Polizisten werden leicht verletzt.

**Ausland**
Der israelische Ministerpräsident Ehud Barak erklärt nach nur 17 Monaten im Amt überraschend seinen Rücktritt. Bei den Neuwahlen will er wieder kandidieren, um sich im Volk die Unterstützung für den Friedensprozess zu sichern.

**11. Dezember**

**Europa**
Am fünften Tag zäher Verhandlungen einigt sich der EU-Gipfel in Nizza auf einen neuen Unions-Vertrag. Damit ist der Weg frei für die Osterweiterung der Europäischen Union.

**12. Dezember**

**Ausland**
Nach fünfwöchigem dramatischem Tauziehen

wird der Republikaner George W. Bush zum nächsten Präsidenten der USA erklärt. Der Oberste Gerichtshof lehnt Handauszählungen von Stimmen in Florida ab und fügt damit dem Demokraten Al Gore den entscheidenden Schlag zu. Gore erklärt einen Tag später in einer Ansprache an die Nation, dass er den Kampf um das Amt aufgibt.

**Werbung**
Die Benetton-Anzeigen mit Fotos von ölverpesteten Enten, arbeitenden Kindern und einem Hintern mit dem Stempel „HIV-Positive" durften nach einem Urteil des Bundesverfassungsgerichts in Karlsruhe nicht verboten werden.
Die Entscheidung des Bundesgerichtshofs von 1995, mit der die Schock-Werbung als sittenwidrig untersagt wurde, verstoße gegen das Grundrecht der freien Meinungsäußerung, begründet der Erste Senat seine Entscheidung. Der Hamburger Verlag Gruner + Jahr hatte die Verfassungsbeschwerde erhoben.

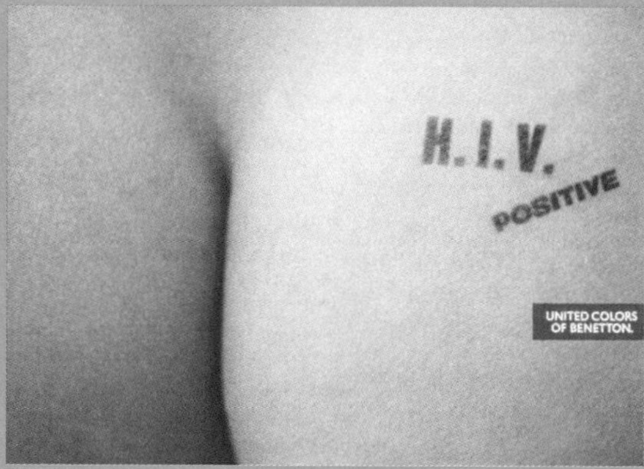

**Werbung: Benettons Schock-Anzeigen sind erlaubt**

## 13. Dezember

**Politik**
Zum ersten Mal in der Geschichte der Bundesrepublik Deutschland steht eine Frau an der Spitze eines Innenministeriums. In Saarbrücken stimmt der Landtag mit der Mehrheit der regierenden Christdemokraten der Berufung von Annegret Kramp-Karrenbauer zu. Ministerpräsident Peter Müller nennt ihre Berufung ein Signal dafür, „dass es keine vorbehaltenen Räume für Männer gibt".

**Justiz**
Ohne ein Wort der Entschuldigung an Jan Philipp Reemtsma gesteht Thomas Drach vor dem Hamburger Landgericht die Entführung des Multimillionärs im März 1996. Drach sagt im Gerichtssaal unter den Augen seines damaligen Opfers: „Ich bin bereit, jede Strafe wegen dieser Entführung anzunehmen, wenn die Haft in Argentinien drei zu eins angerechnet wird."

**Politik**
Die Bundesregierung beschließt die Abschaffung des Rabattgesetzes, weil sie dem Handel mehr Spielraum für niedrigere Preise und zusätzliche Kaufanreize geben will. Die Preise sollen ab Mitte nächsten Jahres in jedem Einzelfall frei aushandelbar sein.

## 15. Dezember

**Ausland**
Fast 15 Jahre nach der verheerenden Atomexplosion im Atomkraftwerk Tschernobyl schaltet die Ukraine die berüchtigte Anlage endgültig ab. Damit endet ein jahrelanger Streit mit dem Westen um den Weiterbetrieb des pannenanfälligen Reaktors.

**Sprache**
„Schwarzgeldaffäre" lautet das Wort des Jahres 2000. Die Gesellschaft für deutsche Sprache erklärt in Wiesbaden zur Begründung, dieses Wort habe die öffentliche Debatte in diesem Jahr mehr beeinflusst als jedes andere. Auf die Plätze zwei und drei setzt die Jury „BSE-Krise" und „Green Card".

**Gesteht: Entführer Drach**

## 16. Dezember

**Ernährung**
Nach dem Bekanntwerden weiterer BSE-Fälle in Bayern spricht der Landwirtschaftsminister des Freistaates, Josef Miller, von einem „schweren Schlag für die bayerische Landwirtschaft". Alle drei Tiere stammen aus Familienbetrieben.

**Kirche**
Begleitet von zum Teil gewaltsamen Protesten, empfängt Papst Johannes Paul II. den österreichischen Rechtspopulisten Jörg Haider. Anlass ist die Übergabe eines Weihnachtsbaumes aus Kärnten, der auf dem Petersplatz steht. An der Audienz nimmt auch der Bischof von Kärnten, Egon Kapellari, teil.

**Verlobung**
Peter Kohl, zweiter Sohn des früheren Bundeskanzlers, verlobt sich in Istanbul mit der türkischen Unternehmerstochter Elif Sözen. Die Zeremonie findet im Beisein Helmut Kohls und im engsten Familienkreis statt. Der türkischen Tradition gemäß bittet der Altbundeskanzler den Brautvater für seinen 35-jährigen Sohn um die Erlaubnis, die 32-jährige Elif zu heiraten.

## 17. Dezember

**Politik**
Bundesregierung und Gewerkschaften beenden bei einem Spitzengespräch in Hannover ihren Streit über die Rentenreform. Führende Vertreter beider Seiten verständigen sich auf die wichtigsten Punkte. Danach soll der Rentensatz bis zum Jahr 2030 nicht über 22 Prozent steigen und das Rentenniveau nicht unter 67 Prozent sinken. Auf den zuletzt kritisierten Ausgleichsfaktor wird verzichtet.

## 19. Dezember

**Wissenschaft**
Das britische Unterhaus beschließt eine Lockerung der Gesetze über die Forschung an menschlichen Embryonen. In Deutschland löst dieser Vorstoß heftige Proteste von Politik, Kirchen und Ärzteschaft aus.

## 21. Dezember

**Gesellschaft**
US-Popstar Madonna und der britische Filmregisseur Guy Ritchie heiraten in einem entlegenen Schloss in Nordschottland. Die Feier findet in engstem Familien- und Freundeskreis statt.

## 22. Dezember

**Familiendrama**
Ein 24-jähriger Mann erschießt im niedersächsischen Salzgitter sechs Angehörige. Der kaum ansprechbare Täter leide wahrscheinlich an einer psychischen Erkrankung, sagt ein Polizeisprecher. Ein neunjähriger Neffe wurde Augenzeuge des Dramas.

## 26. Dezember

**Ausland**
Die neue Regierung in Belgrad will den gestürzten jugoslawischen Präsidenten Slobodan Milošević für Verbrechen in Serbien zur Verantwortung ziehen. Das kündigt der künftige Regierungschef Zoran Djindjic drei Tage nach den von den Reformern gewonnenen Wahlen an.

## 27. Dezember

**Gesellschaft**
Das berühmte Café „Kranzler" kehrt an den Berliner Kurfürstendamm zurück. In gänzlich veränderter Form wird das Kaffeehaus im Stadtquartier „Neues Kranzler Eck" eröffnet.

## 28. Dezember

**Ernährung**
Auch in Niedersachsen gibt es jetzt einen BSE-Fall. Bei einem Tier auf einem Bauernhof im Landkreis Osnabrück hat sich der Verdacht der Rinderseuche bestätigt. Damit hat Deutschland nun seinen siebten BSE-Fall. Fünf Tiere stammen aus Bayern, ein krankes Rind ist in Schleswig-Holstein entdeckt worden.

## 29. Dezember

**Ausland**
Die Hoffnung, Israels Premier Ehud Barak und Palästinenser-Präsident Jassir Arafat könnten einander endlich die Hand reichen, zerschlägt sich. Wenige Stunden nach der Absage des Friedensgipfels im ägyptischen Badeort Sharm el-Sheik kommen bei zwei Anschlägen in Israel mindestens zwei Menschen ums Leben. 16 weitere werden zum Teil schwer verletzt.

## 31. Dezember

**Jahreswechsel**
56 Prozent der Bundesbürger blicken nach einer Umfrage des Allensbacher Instituts für Demoskopie optimistisch ins neue Jahr. Die Liste der Sorgen und Befürchtungen beginnt mit Jugendkriminalität und Rechtsextremismus. Angst vor Verlust des Arbeitsplatzes, die jahrelang auf Platz eins lag, ist auf den fünften Rang gesunken.

# Bildnachweis Jahrbuch 2000

**Umschlag:**
GABO/Agentur FOCUS, AP, AFP/DPA, Phillip Dixon, Corbis/SYGMA;
**Seite 6/7:** Thomas Hegenbart/ Agentur FOCUS, REUTERS, Sabine Wieharm, AP (4), Peter Parks, Obi Oberholzer/ BILDERBERG;
**8/9:** Samuel Zuder;
**10/11:** Thomas Hegenbart/ Agentur FOCUS;
**12/13:** REUTERS;
**14/15:** Harald Schmitt/STERN;
**16/17:** Thomas Grabka/ ACTION PRESS;
**18/19:** Rob Cooper/AP;
**20/21:** Ali Jarekji/REUTERS;
**22/23:** Hans-Joachim Ellerbrock/BILDERBERG;
**24/25:** Will Lester/AP;
**26/27:** Luis Sanchis/ART & COMMERCE;
**28/29:** Lorenz BAADER;
**30/31:** Antonio Scorza/ AFP/DPA;
**32/33:** Ng Han Guan/AP;
**34/35:** Juer Alean/ STROMBOLI ON-LINE;
**36/37:** Stephen Jaffe/AFP/DPA;
**38/39:** André Durand/ AFP/DPA;
**40/41:** AP (4);
**42/43:** Mediaset TV/AP, Chris Gerald/AFP/DPA;
**44/45:** Gabriel Bouys/ REUTERS;
**46/47:** Yannis Kontos/Corbis/ SYGMA;
**48/49:** EPA/STR/AFP/DPA;
**50/51:** Patrick Barth;
**52/53:** Peter Andrews/ REUTERS;
**54/55:** Geert van Kesteren;
**56/57:** Antoine Gyori/ Corbis/SYGMA;
**58/59:** EPA/DPA;
**60/61:** Konstantin Zavrazhin/ GAMMA, Sergey Isakov/ AFP/DPA;
**62/63:** Sergei Karpukhin/ REUTERS, Alexander Nemenov/AFP/DPA;
**64/65:** Dimitry Beliakov/ GAMMA;
**66/67:** A&E/Corbis/SYGMA;
**68/69:** Joulle Vassort/ AFP/DPA;
**70/71:** STR/AFP/DPA;
**72/73:** Denis Doyle/AP;
**74/75:** P.J. L. Manaud/RAPHO;
**76/77:** Jay Ullal/STERN, Jens Meyer/AP, David G. McIntyre/BLACK STAR;
**78/79:** Michael Wolf/VISUM;
**80/81:** Belinda Wright/Wildlife Protection Society of India;
**82/83:** Heinz-Peter Bader/REUTERS;
**84/85:** Jeff Mitchell/ REUTERS;
**86/87:** Matthias Jung;
**88/89:** Eckehard Schulz/AP;
**90/91:** DPA;
**92/93:** Pierre Adenis/G.A.F.F., Kay Nietfeld/DPA;
**94/95:** Nicole Maskus;
**96/97:** Jürgen Gebhardt/ STERN;
**98/99:** Thomas IMO, Lothar Salz;
**100/101:** Werner Schüring;
**102/103:** Nicole Maskus (4);
**104/105:** Reinhard Krause/ REUTERS;
**106/107:** Arnd Wiegmann/ REUTERS, Camay Sungu/AP;
**108/109:** Fabrizio Bensch/ REUTERS, MDR/DPA, AP;
**110/111:** Kay Nietfeld/DPA, Fabian Bimmer/AP, DPA;
**112/113:** Gregor Schläger/ VISUM;
**114/115:** Illustration Haderer;
**116/117:** Frank Rumpenhorst/ AP;
**118/119:** Ingo Barenschee/ AUTOBILD/ Springer Pics;
**120/121:** Ferdinand Ostrop/ DPA;
**122/123:** Tom Jacobi/STERN;
**124/125:** Laurent Gillieron/AP;
**126/127:** AFP/DPA;
**128/129:** Barry Batchelor/ EPA/DPA;
**130/131:** Jayanta Shaw/ REUTERS;
**132/133:** KEYSTONE Zürich/ DPA;
**134/135:** Ronald Erdrich/ Abilene Reporter News/AP;
**136/137:** R. Simoneit;
**138/139:** Stephanie Pilick/ DPA;
**140/141:** Jan Bauer/AP;
**142/143:** Florian Wagner;
**144/145:** Norbert Schöner;
**146/147:** Outline/ INTER-TOPICS, Walter Bieri/AP;
**148/149:** Neil Wieder/IPG/ Agentur FOCUS, Sabine Wieharm;
**150/151:** Franz Killmeyer;
**152/153:** Alfred Steffen (2);
**154/155:** Dylan Martinez/ REUTERS, Courtesy Maureen Interim Art;
**156/157:** Joachim Gern (2);
**158/159:** Stefan Enders, Endemol/DPA, Stoffels Media Consulting;
**160/161:** H & D ZIELSKE;
**162/163:** Pierre Adenis/ G.A.F.F.;
**164/165:** Samuel Zuder;
**166/167:** BILD-ZEITUNG, Rainer Jensen/DPA;
**168/169:** Franz Neumayr/AP;
**170/171:** SIPA;
**172/173:** Toshihiko Sato/AP;
**174/175:** Anton Groothuis;
**176/177:** Jamal Saidi/ REUTERS;
**178/179:** Jürgen Schwarz/ REUTERS;
**180/181:** Chi Chih-Hsiang/ AFP/DPA;
**182/183:** Petros Giannakouris/ AFP/DPA;
**184/185:** Martin Gendt/AP;
**186/187:** Marine Nationale/AP;
**188/189:** Christopher Pillitz/Agentur FOCUS;
**190/191:** Peter Lindbergh (2);
**192/193:** Mario Testino;
**194/195:** Ali Kepenek (2);
**196/197:** Phillip Dixon/ Julian Meijer Ass. (2);
**198/199:** Bettina Rheims/ KEHAJOFF-VERLAG;
**200/201:** Hugo Philpott/ AFP/DPA;
**202/203:** Murdo Macloed;
**204/205:** Martin Meissner/AP, Martin Ruetschi/AP;
**206/207:** PRO WILDLIFE (2);
**208/209:** Philippe Eranian/ Corbis/SYGMA;
**210/211:** Steve Strike/AP;
**212/213:** Pecheur d'Images;
**214/215:** Anna Zieminski/ AFP/DPA;
**216/217:** JIJI PRESS/ AFP/DPA;
**218/219:** Erin Lubin/AP;
**220/221:** Thorsten Baering;
**222/223:** Simon Trew/ AFP/DPA;
**224/225:** Eric Feferberg/ AFP/DPA;
**226/227:** GES;
**228/229:** Hans Rauchensteiner;
**230/231:** Thomas Kienzle/AP;
**232/233:** Barbara Dombrowski/ Thomas Ebert;
**234/235:** ONLINE SPORT;
**236/237:** Michael Kunkel/ HOCH ZWEI;
**238/239:** Richiardi/ SPORTIMAGE (3);
**240/241:** Jacky Naegelen/ REUTERS;
**242/243:** Torsten Blackwood/ AFP/DPA, Steve Holland/AP;
**244/245:** Stefan Matzke/ S.A.M.;
**246/247:** John Mottern/ AFP/DPA;
**248/249:** Rhona Wise/ AFP/DPA (6);
**250/251:** Mike Segar/ REUTERS;
**252/253:** Al Diaz/AFP/DPA, Kimberly White/REUTERS;
**254/255:** Masi Agenz/ ACTION PRESS;
**256/257:** James King-Holmes/ SPL/Agentur FOCUS;
**258/259:** Peter Ginter/ BILDERBERG;
**260/261:** Donald Tipton;
**262/263:** Joel Stettenheim/ SABA;
**264/265:** Christoph Gerigk/ UAD/HILTI FOUNDATION;
**266/267:** Peter Parks;
**268/269:** Peter Menzel;
**270/271:** Nasa/SIPA;
**272/273:** Michael Poliza/ STERN;
**274/275:** Hanns-Jörg Anders/ STERN (2);
**276/277:** Obi Oberholzer;
**278/279:** Michael Poliza/ STERN;
**280/281:** Gerd Ludwig/ VISUM;
**282/283:** Gavin Smith, DPA (4), Lindeburger, Jeanloup Sieff, Wöstmann, Fred Ihrt, F. Heller/ARGUM;
**284/285:** DPA (5), ACTION PRESS, THOMAS & THOMAS, Lord Snowdon/CAMERA PRESS, Angelo Frontoni;
**286/287:** Jay Ullal/STERN, DISNEY, FOTEX, AP, Oliver Herrmann/PHOTO SELECTION, CAMERA PRESS (2), B.-A. Kluge, DPA (2), Ute Mahler/OSTKREUZ;
**290/291:** Illustration Martin Haake, Hans Rauchensteiner, Britt M. Solberg/REUTERS, DPA (2), Patrick Gardin/AP;
**292/293:** PANDIS MEDIA, AP (4);
**294/295:** Uta Rademacher/ IMO, DPA (2), AP;
**296/297:** AP (3), DPA (4), ACTION PRESS, Corbis/INTER-TOPICS, Jardai/ MODUS, Karl-Heinz Schilder/ZENTRALBILD, ;
**298/299:** Lorenz BAADER, AP (2), VIENNAREPORT, Thomas Koehler;
**300/301:** DPA (2), BONGARTS, AP, CAMERA PRESS, Erwin Elsner/ ACTION PRESS;
**302/303:** AP, DPA (2), Jörg Sarbach, Christoph Gerigk/UAD/HILTI FOUNDATION;
**304/305:** AP (2), DPA (3), BONGARTS, Jardai/MODUS;
**306/307:** AP (3), Harald Schmitt/STERN, DPA (2);
**308/309:** AP, DPA (3), REUTERS, Martin Jehnichen/LAIF, Peter Thomann/STERN;
**310/311:** DPA (6);
**312/313:** DPA (2), CAMERA PRESS, Corbis/SYGMA, MELDEPRESS, Marco Urban, Kunsthalle Emden;
**314/315:** DPA, ARIS, AP, Peter Peitsch, REUTERS, BONGARTS;
**316/317:** AP (2), Anne Schönharting/OSTKREUZ, REUTERS, DPA;
**318/319:** GABO/Agentur FOCUS, REUTERS, AP, DPA;

**Redaktionelle Mitarbeit:**
Anke Bruns (Hamburg), Heidi Heuser (Paris), Florian Denk (London), Angelika Hala und Sue Lapsien (New York).

stern
Caroline und Ernst August
Wir haben fertig

www.stern.de
stern
Spucken Sie es aus, Herr Kohl
Wo sind die Akten? Wer sind die Spender?

www.stern.de
stern
Mallorca nur noch für
REICHE?
Abschied vom Massentourismus

www.stern.de
stern
Die Delfin-Killer
STERN-GESPRÄCH MIT ANGELA MERKEL
„Der Kampf ist noch nicht entschieden"

stern
ZOO TEST
39 Tierparks im Vergleich
Macht es öfter!

www.stern.de
stern
TROTZ PLEITEN UND PANNEN
WO DIE EXPO SPASS MACHT

stern
EHE, SEX + SZENE
Wie Schwule wirklich leben

www.stern.de
stern
Endlich richtig leben!
REISE-JOURNAL: TIPPS FÜR KURZE TRIPS

www.stern.de
Immer noch nicht drin?
STERN-AKTION:
INTERNET FÜR ALLE
CD-ROM MIT LERNPROGRAMM • ZUGANGSSOFTWARE

www.stern.de
stern
Stoppt den braunen Terror!

www.stern.de
Schlaganfall
Warum es immer mehr jüngere Menschen trifft
Wie man vorbeugen kann

www.stern.de
stern
ÖLPREIS-SCHOCK
Warum Benzin und Diesel noch teurer werden
Athleten hautnah

stern
EXTRA
Trends bei Hi Fi, Foto und Video
OLYMPISCHE SPIELE
Australiens Superstars
VW-CHEF PIËCH
„Ich werde das 1-Liter-Auto bauen"
EXKLUSIV: SCHÄUBLES BUCH
Meine Abrechnung mit Kohl

stern
Drogen, Sex, falsche Freunde, viele Feinde
So ging Daum kaputt

stern
Alle sitzen vor der Glotze
Deutschland im Rate-Rausch
Was muss ich wissen, um reich zu werden?

www.stern.de
SAND - DAS ÖL DER ZUKUNFT
Ein Neonazi packt aus

stern
DAS INFERNO IM TUNNEL
„So entkamen wir der Hölle"
·Die Berichte der Überlebenden
·Das Leiden der Opfer
·Die Trauer der Angehörigen
Zeitbombe BSE

stern
DIE FRAUEN DER NAZIS